KB007556

최후의 선택
아로파
AROPA

최후의 선택
아로파
AROPA

1판 1쇄 2014년 8월 8일
1판 3쇄 2021년 10월 19일

지은이 SBS 〈최후의 제국〉 제작팀·홍기빈
자막 정리 차은정

펴낸이 이재종
펴낸곳 도서출판 아로파
등록번호 제2013-000093호
등록일자 2013년 3월 25일
주소 서울시 강남구 도곡로 63길 23, 302호
전화 02_501_0996
팩스 02_569_0660
이메일 rainbownonsul@hanmail.net

SBS 〈**SBS** 창사특집 대기획 ― 최후의 제국(4부작)〉
Copyright ⓒ SBS
ISBN 979-11-950581-4-3 03300

아 로 파 나 눔 과 공 존 의 가 치

고장 난 자본주의의 해법을 찾아 65,000km 길을 떠나다

최후의 선택
아로파
AROPA

SBS 〈**최후의 제국**〉 **제작팀 · 홍기빈** 지음

아로파

미래적 삶, 최후의 선택

자본주의의 심장, 미국은 돈의 제국이다. 돈은 화려한 도시의 모세혈관을 타고 흐르는 혈액과도 같다. 하지만 '고장 난 자본주의' 사회에서 누군가 부자가 된다는 건 그보다 몇 배의 사람들이 빈곤에 놓이게 된다는 뜻이다. 경제협력개발기구OECD는 보고서를 통해 모든 나라에서 경제적 불평등이 발견되지만, 미국은 그 정도가 어느 국가들보다도 심각하다고 지적했다. 34개 OECD 국가 중 빈곤율 4위라는 수치가 이를 반증하며, 미 인구통계국의 2010년 〈빈곤 보고서〉도 미국 빈곤층을 약 4,620만 명으로 집산하면서 이는 한 해 전 4,360만 명보다 260만 명이나 늘어난 수치라 밝혔다. 미국 아동 빈곤층이 5명 중 1명, 21.9 퍼센트 미국 아동 홈리스가 45명 중 1명이라는 통계 수치도 고장 난 미국 자본주의의 민낯을 여과 없이 드러낸다.

호화 사치품 구매율 세계 1위를 점하며 거대 소비 시장으로 떠오른 중국도 빈부 격차라는 사회적 문제 앞에 당도하고 말았다. 중국 사회과학원이 최근 발표한 지니계수는 0.5를 기록했는데, 이는 미국2009년 0.408이나 한국2010년 0.341보다 높았다. 전 세계적으로 지니계수가 0.5를 넘는 국가는 20여 개 국가에 불과한데, 지니계수가 0.5 수준이라는 것은 불평등한 소득 분배가 심각한 사회 문제로 대두했음을 의미한다. 실제로 중국인의 연간 최저소득 평균은 전 세계 183개국 중 158위를 기록하고 있으며, 중국의 도시와 농촌 간 소득 차이는 12배로 빈곤 인구 90퍼센트가 농촌에 거주하는 것으로 밝혀졌다.

미국과 중국에서 일어나고 있는 부의 편중, 빈곤의 기형적 확산은 한국이라고 예외일 수는 없다. 우리는 철저히 돈의 논리로 움직이는 자본주의 300년의 궤도 속에 합류하여 무한질주해 왔다. 그러다 IMF와 2008년 미국발 금융 위기로 인한 세계적 지진을 겪으며, 격심한 빈부 격차와 상위 1퍼센트에게로 편중되는 부의 이면에 존재하는 중산층의 몰락으로 심각한 사회적 몸살을 앓고 있다. 그럼에도 불구하고, 우리는 보이지 않는 숫자 놀음에 인생을 바치는 돈의 꼭두각시 노릇을 멈추지 못하고 있다.

어디서부터 잘못된 것일까. 자본주의는 브레이크가 고장 난 채 끝없이 달리고 있고, 어쩌면 우리는 너무나 먼 길을 와버렸는지도 모른다. 돌아갈 다리조차 이미 끊어졌을지 모른다. 하지만, 이젠 돌아봐야 할 때다. 무엇이 지속 가능한 삶일지, 무엇이 아이들을 행복하게 만들 수 있는 미래적 삶일지 함께 살펴보아야 한다.

비대해진 자본주의라는 괴물이 보내는 최후의 경고 앞에 인류 생존의 비밀을 가르쳐줄 나침반은 우리를 아누타섬으로 이끌었다. 1,000여 개의 섬들로 이뤄진 인구 55만의 작은 나라, 솔로몬 제도 동쪽에 위치한 아누타섬은 남태평양의 수많은 섬 중에서도 최대 지름이 2.5킬로미터에도 미치지 않는, 사람이 사는 가장 작은 섬이다. 이곳에서 사람과 사람이 사는 법은 '아로파'로 불린다. 사실 아누타섬은 피로 얼룩진 땅이었다. 300년 전, 이곳에선 피비린내 나는 권력 투쟁이 일어났다. 많은 남자들이 죽었고 결국 섬에는 단 4명의 남자들만 살아남았다. 섬은 공멸의 위기에 놓였다. 고립된 섬에서 한정된 자원을 서로 차지하려다 모두 위기에 처해 버린 것이었다. 그후 아누타 사람들은 협력하지 않으면 공멸한다는 것을 체득했다. 그것이 '아로파'를 삶의 철학으로 받아들인 이유였다.

2012년, 위기에 처한 자본주의를 치유할 방법을 찾아 250일간의 멀고도 긴 여행을 결행했던 SBS〈최후의 제국〉제작팀은 고장 난 자본주의의 '대안'에 앞서 우리가 잃어버린 '가치'를 찾고자 했다. 실로 우리가 마주한 자본주의의 민낯은 충격적이었기에, 현실이 돈에 가로막힌 채 절망스러웠을 때, "공존이냐, 공멸이냐"라는 중차대한 삶의 질문 앞에 섰을 때, '아로파' 즉 실천하는 나눔과 협동의 삶을 선택한 아누타 사람들을 만난 건 여행 최고의 선물이었다. 소외되는 이가 없도록 소득을 재분배하고 '선물과 한턱 쓰기'에 인색하지 않은 리더 '빅맨'의 철학도 덤으로 구했다. 다행히 이는 돌아갈 수 없는 과거적 가치가 아니라, 우리가 찾아야 할 미래적 가치였다.

아누타섬은 지금, 우리에게 묻고 있다. 자본주의 세상에서 '아로파'는 정녕 불가능한 것이냐고, 당신의 최후의 선택은 무엇이어야 하냐고….

2014. 8
SBS〈최후의 제국〉제작팀

탐욕적 개인의 출현

이 책에서는 현대 자본주의의 최첨단에 서 있는 미국과 중국 상하이라는 두 개의 사회를 주로 살펴볼 것이다. 또 그와는 반대의 상황에 놓여 있는 파푸아뉴기니 상각부족 마을, 인도 라다크의 브록파 마을, 남태평양의 아누타섬 등 자본주의가 한 방울도 스며들지 않은 사회를 함께 살펴보려고 한다. 대조적인 양측 사회의 사람들이 믿고 의지하는 가치는 같은 하늘 아래 살아가는 똑같은 인류이건만 이토록 다를 수 있을까 싶을 정도로 큰 차이를 보인다. 개인과 공동체의 관계를 바라보는 방식, 경제적 이익과 행복의 관계를 바라보는 방식, 돈과 사람의 관계를 바라보는 방식, 그 어떤 것도 상극이 아닌 게 없을 정도이다. 간극이 큰 두 종류의 사회를 살피다 보면, 오늘날 괴물이 될 정도로 비대해진 자본주의와 그 나아갈 방향에 대해 다시 한 번 생각해 볼 수 있을 것이다.

하지만 본격적인 이야기에 들어가기 앞서 해야 할 일이 있다. 소위 '호모 에코노미쿠스homo economicus'라는 이름으로 너무나 익숙해진 인간의 모습, 즉 개인의 물적 이익을 무한히 추구하는 것을 최우선으로 배치하는 태도야말로 인간의 본성이라는 생각을 내려놓는 것이다. 이러한 생각을 가지고 있는 한, 앞으로 마주하게 될 자본주의 바깥의 원시 공동체 사회는 모두 '비정상적'이거나 어쩌다 발견되는 예외적 사회 정도로 치부될 것이다. 반대로 미국과 상하이에서 벌어지고 있는 일들은 안타깝지만 인류의 본성상 어쩔 수 없는 운명쯤으로 받아들이게 되기 십상이다. 그 결과 우리가 살고 있는 자본주의의 미래 또한 우리 힘으로 바꾸거나 방향조차 결정할 수 없을 것이라는 운명론에 빠지게 되며, 자본주의 이외의 사회에서 미래 사회의 모습을 찾는다든가 하는 일은 아예 불가능하게 될 것이다.

호모 에코노미쿠스는 분명한 편견이다. 호모 에코노미쿠스가 인간의 자연적 본성이라는 생각은 불과 300년 정도밖에 되지 않은 비교적 최근의 발상이다. 그보다 압도적으로, 유사 이래 몇천 년의 시간 동안 대부분의 인류는 인간 본성에 대해 그리고 개인과 공동체의 관계에 대해 나아가 노동과 경제생활에 대해 그와는 전혀 다른 생각을 갖고 있었다는 게 진실에 더 가깝다. 따라서 지금으로부터 몇백 년 전의 유럽 문명으로 거슬러 올라가, 호모 에코노미쿠스라는 생각이 어떻게 발단하여 전개되었고 어떻게 전 세계를 지배하게 되었는지 우선적으로 살펴봐야 한다.

오늘날 자본주의 경제는 수많은 특징을 갖고 있지만, 이것이 그 이외의 경제 시스템과 분별되는 가장 두드러진 점은 '탐욕적 개인주의'에 근거하고 있다는 것이다. 모든 인간은 개인의 물적 이익을 추구하게 되어 있으며, 이는 인간이 가지고 있는 가장 근원적이고 원초적인 본능이라는 발상이다. 인간의 욕망은 그 끝을 알 수 없으며, 그것을 충족할 수 있는 수단은 항상 모자랄 수밖에 없다. 따라서 인간 스스로의 욕망을 채우기 위한 수단도 항상 희소하게 되어 있어, 다른 누구의 이익보다 자신의 이익을 무조건 앞세우게 된다. 이것이 소위 호모 에코노미쿠스라는 말로 표현되는 인간 본연의 천성이다.

그렇다고 인간이 혼자 살아갈 수도 없다. 오히려 그 반대이다. 다행히 인간은 동물과 달리 합리적으로 생각할 줄 아는 존재이다. 그리하여 자신이 원하는 것들을 얻기 위해 혼자 일해서 모든 것을 취하기보다 자신이 제일 잘할 수 있는 것을 만들어 다른 것을 잘 만드는 이와 맞바꾸는 편이 훨씬 이익임을 깨닫게 된다. 인간이 '물물교환의 본성'을 발휘하여 교환을 행하게 되면 거기에 참여하는 사람들 사이에 일정한 노동분업이 정착하게 된다. 시간이 흐를수록 이에 참여하는 사람들은 점점 늘어나고 물물교환과 노동분업 또한 갈수록 복잡해진다. 복잡해진 교환을 더 용이하게 하기 위해 교환의 매개 수단인 화폐가 발명되고, 화폐의 출현으로 소비할 수 있는 것 이상의 재화 축적이 가능해져 사유재산이 발달하게 된다. 이렇게 되면 시장에서의 교환을 둘러싼 각종 절차 및 규칙을 강제하고 감시할 뿐만 아니라 발달된 사적 소유를 보호하기 위한 기구가 필요하게 되어 국가가 등장하게 된다. 점차 국가 간 무역이 활발해지고, 이에 따라 오늘날 우리가 목도하고 있는 세계 경제가 부상하게 된다.

호모 에코노미쿠스는 분명한 편견이다.
호모 에코노미쿠스가 인간의 자연적 본성이라는 생각은
불과 300년 정도밖에 되지 않은 비교적 최근의 발상이다.

　누구 한 사람이 만들어 낸 것이라 꼭 집어 말하기는 어렵지만, 대략 이런 과정이 인간의 본성과 연관된 자본주의 발달사에 대한 통념이다. 인간의 욕망에는 끝이 없고, 그러한 개인의 이기심을 추구하는 것이 바로 인간의 본성이며 그 본성이 발현되는 과정에서 시장과 화폐 및 사유재산과 국가 등 인간 문명사회의 여러 제도가 파생되었다는 얘기다. 따라서 인간은 본래 경제적 동물이며, 자본주의야말로 그러한 인간 본성에서 발현된 가장 자연스러운 사회 질서라는 생각이 완성되었다.

　이에 따르면, 역사적으로 지구촌 주변에는 시장의 발달은커녕 돈 계산조차 능숙하지 못한 어리숙한 사람들의 '미개' 사회가 존재했고 지금도 존재하는 게 사실이지만, 이는 어디까지나 인간 본성에 맞는 자본주의의 질서가 미처 발현되지 못한 결과일 뿐이다. 이에 근거하면 이들 '미개' 사회는 교육과 문명이 발아하기만 하면, 특히 최근의 지구화globalization 물결이 힘을 발휘하기만 하면 조만간 세계 시장 자본주의에 통합될 것이라는 전망이 가능하다. 하지만 이러한 통념은 그야말로 '신화'에 불과했다.

호모
에코노미쿠스 신화

영국의 고전파 경제학자들이 호모 에코노미쿠스 신화를 전 세계로 수출하기 시작한 19세기 중반 무렵, 독일의 경제학자들은 이에 대해 강한 의구심을 품고 있었다. 이후 1세기 가깝게 이어진 이들 소위 '역사학파' 경제학자들의 연구는 동원할 수 있는 모든 역사적·고고학적·인류학적 데이터를 통해 자본주의가 나타나기 이전 인류의 경제생활을 실제로 재현해 내는 데 초점을 두고 진행되었다. 이들의 연구를 이어받은 소스타인 베블런^{Thorstein Veblen}, 막스 베버^{Max Weber}, 무엇보다도 칼 폴라니^{Karl Polanyi} 등은 연구를 통해 실제 인류의 경제생활상이 호모 에코노미쿠스 신화와 전혀 달랐음을 밝혀 냈다.

첫째, 자기 이익을 좇아 살아가는 '로빈슨 크루소'와 같은 개인은 그 어떤 시대에도 그 어디에도 존재한 적이 없었다. 농경과 목축 이전의 구석기 시대부터 인류는 항상 군집생활을 해왔다. 개개인이 생활에 필요한 각종 물자와 자원을 조달한다는 의미에서의 경제생활은 어디까지나 공동체 단위에서만 조직되었다. 따라서 개개인이 경제 활동을 철저히 한다는 것은 어디까지나 공동체가 정한 규칙과 그 일상의 작동에 충실함을 의미했다. 물론 공동체 내에서 개개인의 욕심이 없었을 리 만무했고, 이는 공동체 전체의 생산을 분배하는 과정에서 각자의 몫을 늘리려는 갈등과 싸움으로 드러나기도 했다. 하지만 이는 어디까지나 공동체 '내부'에서 일어났다. 출발점부터 공동체 전체의 이익이 아니라 자기 자신의 이익을 최고 목표로 삼아 움직이는 '개인' 따위는 발견되지 않았다.

둘째, 특히 칼 폴라니에 따르면 경제 활동의 동기로 이익의 추구나 굶주림에 대한 공포만을 상정하는 것은 실제 인류가 살아온 방식과 거리가 멀다. 물론 인간은 누구나 자신의 이익에 관심을 두게 마련이며, 더군다나 굶주림의 고통을 두려워하지 않을 사람도 없다. 하지만 이러한 행동의 동기가 인간으로 하여금 성실히 일하도록 만들거나 착실히 돈을 모으고 철저히 회계장부를 기록하게 하는 동력으로 직결되지는 않는다. 오히려 경제 활동을 수행하게 되는 실제적 동기로서, 공동체의 문화와 전통에서 우러나와 스스로의 내면에 체화된 가치 체계가 지적되었다.

역사적·인류학적 데이터를 검토해 보면, 굶주림에 대한 공포라든가 물질적 이득과는 거리가 있는 동기, 이를테면 종교적 열정, 미美에 대한 동경, 다른 사람들로부터 인정받고픈 욕구, 권력에 대한 탐닉 등에 자극되어 열심히 일하는 사람들의 모습은 얼마든지 찾아볼 수 있다. 결국 인간이 노동과 여타 경제 활동을 얼마만큼 열심히 수행하는가는 그 자신이 속한 공동체와 어떠한 정신적·문화적 관계를 맺고 있는가와 더 큰 관련이 있지, 물적 이득에 대한 관심이라든가 심지어 굶주릴 정도의 물질적 궁핍과 같은 상황이 결정적 요인은 아니라는 얘기다.

인간의 '자연적' 본성을 논하는 것이야말로 주제넘은 일일 수 있겠으나, 최소한 역사적·고고학적·인류학적 데이터에 비춰 볼 때 호모 에코노미쿠스가 인간의 본성이기는커녕 공동체와의 관계를 우선시하며 공동체의 문화적 전통과 가치를 노동의 동기로 삼아 온 인간의 모습이 훨씬 더 보편적이다. 그렇다면 호모 에코노미쿠스는 언제, 어떻게 태어난 '신화'일까?

중세 유럽인과 가톨릭교회

서유럽 문명은 중세에도 이미 상당히 발달된 상업과 도시를 잉태하고 있었다. 하지만 경제 활동과 공동체에 대한 태도는 당시 동서고금의 여러 문명과 크게 다르지 않아 '탐욕적 개인'에 대해 대단히 적대적이었다. 당시 이들의 세계관과 정신적 태도는 가톨릭교회의 가르침에 의해 크게 좌우되고 있었기 때문이다. 그에 따르면, 우리가 살고 있는 세상은 결코 영원한 곳이 아니며 조만간 예수께서 다시 이 땅에 내려오시는 날 불의 심판으로 끝이 날 유한의 공간이다. 기독교인들은 죽으면 영혼은 천국에서, 육신은 땅에 묻힌 채 머물다가 마침내 그날이 되면 새 몸을 얻어 예수와 함께 천년왕국으로 들어간다고 믿고 있었다.

인간이 노동과 여타 경제 활동을 얼마만큼 열심히 수행하는가는
그 자신이 속한 **공동체와 어떠한 정신적·문화적 관계를**
맺고 있는가와 더 큰 관련이 있다.

PROLOGUE
탐욕적 개인의 출현

이러한 인생관은 기독교인들의 경제관념을 형성하는 데에도 결정적이었다. 먼저 열심히 땀 흘려 일할 것이 권장되었지만, 이는 재물을 많이 모으고 자기 한 몸과 그 일족의 행복 및 쾌락을 추구하기 위함이 아니라 에덴동산에서 쫓겨날 때 신께서 지운 노동의 의무를 성실히 수행하기 위함일 뿐이었다. 따라서 살아가는 데 필요한 이상의 재물을 추구하거나 쌓아놓는 것은 금기로 여겨졌다. 진정한 행복, 즉 영원히 끝나지 않는 천국의 지복至福, beatitude은 미래에 펼쳐질 천년왕국에서 누릴 터인데, 이 허무한 사바세계에서 일시적인 쾌락felicity을 누리겠다며 재물을 모을 이유가 어디 있겠는가. 재물을 모으는 와중에 또 얼마나 많은 죄악을 저지르게 될 것이며, 그 재물로 육신의 향락을 즐겨 봐야 죄밖에 더 되겠는가. 그러다 영혼이라도 파멸하여 천년왕국으로의 입장권을 놓치게 된다면 이 얼마나 어리석은 짓인가. 그래서 탐욕avaritia, avarice은 죽음에 이르는 일곱 가지 대죄의 하나였다. 심지어 식탐도 그중 하나였다! 예수께서도 자신의 사도들이 모두 청빈한 삶을 살도록 가르치셨다. 삶에 필요한 만큼보다 조금이라도 더 탐하는 것은 영혼을 파멸시키는 대죄이며, 그럴 재물이 있다면 응당 교회에 바쳐 이 덧없는 세상이 아닌 천국에 쌓아 놓을 일이었다.

당시 교회가 의심과 저주의 눈길로 쏘아보았던 이들은 다름 아닌 상인들, 특히 고리대금업자들이었다. 이들이 정말로 상품을 가치 그대로 사서 가치 그대로 파는 정직한 인간들이라면 어떻게 돈을 버는 게 가능하겠는가. 판매자나 구매자 한쪽을 속이는 게 이들이 벌어들이는 돈의 원천임에 틀림없었다. 토마스 아퀴나스St. Thomas Aquinas는 상품 원가에 상인의 생계비를 더한 금액으로 '공정가격'을 정하려 시도하기도 했다. 하지만 13세기 이후 본격적으로 등장한 대상인들의 많은 재산은 그런 식으로도 도저히 모을 수 없는 큰돈이었으니, 이들은 물욕에 빠져 "같은 기독교인 형제들과 교회 공동체를 속인" 사악한 자들임에 분명하다며 미움을 받았다.

하물며 상품을 사고파는 것이 아니라 돈을 꾸어 줬다 바로 이자를 받는 고리대금업자들은 이들보다 더한 취급을 받았다. 딱딱한 금속에 불과한 금화나 은화가 어떻게 '새끼'를 칠 수 있단 말인가. 이 또한 적나라한 도둑질에 다름없지 않은가. 교회는 상인들과 금융 및 대부업자들에게 "너희들은 결코 천국에 갈 수 없는 존재들"이라며 으름장을 놓았고, 아예 기독교 공동체에서 쫓아낼 뿐만 아니라 그들의 주검조차 교회 묘지에 묻히지 못하도록 만들었다.

품에 넘치는 돈만 생긴다면 감옥에 가는 것쯤 아무렇지도 않게 여기는 현대인에게 이런 식의 협박은 웃음거리일 뿐이겠으나, 중세 상인들에게는 그렇지 않았다. 물론 이들도 한창 돈독이 올라 온갖 험한 짓과 위험을 무릅쓰는 젊은 시절에야 이런 소리에도 아랑곳하지 않았겠지만, 나이가 들어 죽음이 다가오면 생각이 바뀌게 마련이다. 지옥에 대한 공포는 날로 커져 가고, 저승으로 싸가지고 갈 수 없는 돈을 벌어들이느라 젊었을 때부터 착실하게 쌓은 죄목을 생각하면 모골이 송연해진다. 게다가 교회 묘지에 묻히지 못한다면 제 주검은 그대로 썩어 문드러질 것이며, 훗날 예수께서 내려오신다 해도 다시 살아나지 못할 게 아닌가. 그래서 제아무리 명성 날리던 상인이라도 죽음이 다가오면 전 재산을 교회에 기부하고 임

경제 활동과 공동체에 대한 태도는 당시 동서고금의 여러 문명과
크게 다르지 않아 **탐욕적 개인에 대해 대단히 적대적**이었다.
이들의 세계관과 정신적 태도는 가톨릭교회의 가르침에 의해
크게 좌우되고 있었기 때문이다.

종성사를 받아 평안히 죽는 쪽을 선택하는 경우가 많았다. 그래서 아이러 니하게도, 중세 유럽에서 가장 큰돈을 모으게 된 집단은 바로 가톨릭교회 였다는 게 경제사가經濟史家 좀바르트Werner Sombart 의 주장이다.

탐욕은 미덕이다

중세 유럽인들의 생각은 시간이 지나면서 크게 바뀔 계제였다. 먼저, 14세기 중반 유럽을 강타했던 흑사병black death 의 충격으로 기존의 기독교 적 인생관은 근본부터 흔들렸다. 1347년 베네치아를 시작으로 영국을 포 함한 전 유럽으로 확산된 흑사병은 유럽 인구를 3분의 2이는 보수적인 추산이며, 절반까 지로 보는 이들도 많다로 격감시킨다. 사실상 핵전쟁으로 인류 문명이 종말을 고하 는 정도의 파국이라 할 만했다. 그럼에도 불구하고 유럽의 정치적·사회 적 체제는 골간 그대로 유지되었고 시간이 지남에 따라 인구와 생산력도 회복되기는 했지만, 이 사건이 유럽인들의 정신세계에 가져온 충격은 돌 이킬 수 없었다.

마구 퍼져 가는 '검은 죽음' 앞에 가족 전체가 혹은 마을 전체가 사라졌 고, 그 죽음의 공세 앞에서는 경건한 자도, 죄인도, 성직자도 심지어 추 기경이나 귀족도 당해 낼 재간이 없었다. 죽음 앞에서 모든 이들은 평등 했으니, 결국 모든 것이 끝나는 마지막 날에 이 세계를 지배하게 될 힘은 '죽음'이라는 생각이 영성 밑바닥으로 스며들었다. 물론 기독교 신앙이 당 장의 위기에 봉착했다든가 허무적 향락주의가 그 자리를 대치했다는 말 은 아니다. 하지만 적어도 당시의 현세와 내세, 삶과 죽음, 육신과 영혼,

물질과 정신적 가치 등을 바라보는 사고방식은 결코 그 이전과 같을 수 없었다.

당장 15세기로 넘어오면서 이탈리아 북부 도시들을 필두로 이윤 추구와 물적 탐욕에 대한 적극적인 긍정이 나타나기 시작한다. 훗날 피렌체의 재상이 된 포죠 브라촐리니 _Poggio Bracciolini_ 는 1428년경 출간한 《탐욕과 사치에 대하여 _De Avaritia_ 》에서 "화폐는 국가라는 생명체의 신경과 같고, 화폐를 사랑하는 자들이야말로 국가 자체의 기반이다"라는 중요한 문장을 남긴다. 그 이전까지 항상 저주와 멸시의 대상이었던 탐욕과 사치뿐만 아니라 금전욕이 이제 모두 긍정의 대상으로 전이된다. 이탈리아 북부의 자치 도시들은 상업과 금융업에 기반한 사회였고, 왕이나 교회 조직이 다스리는 사회가 아니라 귀족을 필두로 시민들 스스로가 자신의 법률을 만들어 자치를 시행하는 공화국에 가까웠다. 여러 도시들은 상권과 자금의 흐름을 놓고 악착같이 경쟁해야 했으며, 무력 행사와 전쟁 또한 심심찮게 벌어졌다.

이러한 상황하에 각각의 도시가 생존해 가는 데에는 가톨릭교회가 그려 내던 것처럼, 그저 말 잘 듣고 조용히 죽을 때만 기다리는 양떼 같은 사람들보다 아주 적극적이고 활동적이며 필요하다면 목숨을 거는 모험 또한 마다하지 않는 종류의 사람들이 더 요구되었다. 무엇이 사람을 이렇게 펄펄 뛰는 적극적인 존재로 만드는가? 당장 현세에서의 부와 번영 그리고 그것을 대표하는 금전에 대한 탐욕 아니겠는가? 이전의 성직자들과 교회 철학자들은 개인의 탐욕이 그 사람의 영혼을 망가뜨리고 공동체를 깨뜨리는 위험한 것이라 저주를 퍼부었지만, 따지고 보면 개개인의 금전욕이야말로 사람들을 빠릿빠릿 움직이게 만들고 나아가 세상을 하나로 연결시킬 뿐만 아니라 그 세상을 항상 생동감 있고 활기차게 만들어 주는 원동력이 아니겠는가?

당대 걸출한 인문학자이기도 했던 브라촐리니의 이러한 생각은 곧 프랑스, 독일, 영국 등지로 퍼져 나갔고 16세기로 들어와 르네상스 후기의 인문학자 사이에서 이러한 논지를 이어받아 개인의 탐욕과 금전욕을 적극 긍정하는 논자들이 줄지어 나타났다. 한 예로, 프랑스의 유명한 에세이스트 몽테뉴는 1580년경 쓴 한 에세이에서 다음의 견해를 표명했다.

탐욕은 미천한 출신에 게으르게 자란 도제들의 마음속에도 따스한 집을 떠나 허술한 배 한 척에 의지하여 험한 파도와 넵튠_{바다의 신}의 진노에 대들고 나설 용기를 심어 준다. 또 탐욕은 신중함과 지혜도 갖게 해준다.

결국 이러한 생각이 퍼지면서, 화폐 경제를 중심으로 나라 전체의 살림살이를 돌보는 기술로서의 정치경제학political economy 이라는 학문이 17세기 초 영국과 프랑스에서 자리를 잡게 된다.

사회 전체로 보았을 때 개인의 탐욕은 결코 저주의 대상이 아니며 공동체를 살찌우고 더욱 활력 있는 사회로 만드는 핵심적 원동력이라는 생각은 18세기 초가 되면 아예 "탐욕이야말로 사회 최고의 미덕이다"라는 노골적인 명제로까지 드러난다. 네덜란드 출신으로 영국에 귀화한 의사 버나드 맨더빌^{Dr. Bernard Mandeville}이 1714년 발표한 유명한 저서 《꿀벌의 우화 : 개인의 악덕은 공공에게 편익이 된다^{The Fable of the Bees, or Private Vices, Public Benefits}》는 발표되자마자 영국뿐 아니라 전 유럽에서 시끄러운 논쟁과 격렬한 비판을 불러일으켰지만, 그만큼 깊고도 넓은 반향 덕에 훗날 애덤 스미스나 이마누엘 칸트와 같은 대사상가들마저 그의 영향을 받게 된다.

《꿀벌의 우화》에는 벌들이 모여 사는 벌집이 등장한다. 이 벌들은 온갖 탐욕과 악덕에 물든 데다가 각종 사치에 탐닉하는 존재들이었지만, 그 덕에 이 벌들의 물적 욕망을 충족시키기 위한 온갖 산업이 발달하고 경제가 활성화되어 무척 번성하고 풍요로운 동네를 이룩한다. 그런데 어느 날 갑자기 벌들 모두가 그러한 악덕을 버리고 미덕에 가득 찬 생활로 돌아선다. 그러자 번성하던 벌집은 삽시간에 주저앉고, 먹을 게 없어지면서 수많은 벌들은 이곳을 떠나고 만다.

이 저서를 통해 맨더빌은 사회가 융성하기 위해서는 인간이 가진 탐욕과 사치 등 온갖 악덕이 반드시 필요하다는 도덕적 아이러니를 제시하고 있다. 이제 탐욕과 사치는 인간사회를 구성하는 소중한 요소일 뿐만 아니라 사회 번영을 위해 되레 적극 권장할 필요가 있는 것으로까지 여겨지게 되었다.

탐욕과 사치는 인간사회를 구성하는 소중한 요소일 뿐만 아니라
사회 번영을 위해 되레 적극 권장할 필요가
있는 것으로까지 여겨지게 되었다.

PROLOGUE
탐욕적 개인의 출현

'탐욕적 개인'이
만드는 사회

탐욕에 대한 긍정적인 태도 변화와 맞물려 나타난 것이 '개인
주의'이다. 앞서 말했듯이 중세 기독교는 개개의 인간을 개별자로 인정하
는 것이 아니라, 신에게서 구원을 약속받은 기독교 공동체의 일원으로서
만 인정했다. 어디까지나 여러 단위의 공동체가 우선시되었으며 개인은
그 뒤를 따르는 존재였다. 여기에 지각 변동을 일으킨 것이 루터가 이끈
16세기 종교개혁이었다. 이들은 한목소리로, 교황을 필두로 한 가톨릭
공동체란 허구이며 영혼의 구원은 개개인 각자의 내면에서 신 그리고 예
수와의 내밀한 신앙 체험을 통해 이뤄지는 것이라고 주장했다. 그리하여
열심히 교회에 나가고 공동체를 위해 봉사하는 등 내세에의 구원을 보증
하는 장치로 여겨졌던 가톨릭의 여러 성사聖事들이 모두 부질없는 짓으로
치부되었다. 물론 개신교도들 또한 자신들 스스로의 교단을 만들고 심지

어 정치 공동체까지 만들기는 했지만, 이러한 메시지는 그때까지의 사람들이 진지하게 생각하지 못했던 점, 즉 "개인이야말로 세상 만물의 단위이자 척도"라는 생각을 유럽인들에게 강하게 각인시켰다.

이는 17세기에 들어서면서 자연과학의 원자론 및 기계론과 맞물려 사회계약설이라는 사회사상으로 등장한다. 태초에 존재했던 것은 개인이지 사회 혹은 공동체가 아니며, 개개인이 자신들의 안녕과 행복을 보전받기 위해 서로 맺은 계약으로 인간사회가 생겨났다는 이론이었다. 그 시조라 할 영국의 토마스 홉스 Thomas Hobbes 는 먼저 인간의 욕망과 행복에 대해 전통적인 사상과 완전히 다른 입장을 선보인다.

자급자족을 최고 상태로 보아 거기에 영원히 머무르는 것이 인간의 행복이라던 그리스·로마 시대 이래의 행복관에 대해, 홉스는 인간이란 끊임없이 팽창하는 욕망덩어리라는 진실을 있는 그대로 직시하라고 외친다. 인간의 행복이란 늘어 가는 자신의 욕망을 앞으로도 계속 충족시킬 수 있을 것이란 확신을 갖는 순간의 기쁨에 있고, 모래 알갱이처럼 각자 자신의 욕망 충족을 위해 이리 뛰고 저리 뛰는 개인들의 총합이 바로 인간 본연의 '자연 상태'라는 거였다. 물론 각자의 탐욕을 좇는 개인들의 난장판은 '만인의 만인에 대한 투쟁'을 초래하며, 이로 인해 모든 이들의 삶은 비참하고 끔찍해진다. 이를 막기 위해 개개인 모두가 자신의 자유의지로 맺은 집단적 계약이 인간사회의 시초라는 주장이었다.

개인을 시작으로 한 사회계약에서 사회가 도출되었다는 생각은 홉스의 《리바이어던》보다 한 세대 정도 후에 출간된 존 로크 John Locke 의 《정부

자급자족을 최고 상태로 보아 거기에 영원히 머무르는 것이
인간의 행복이라던 그리스·로마 시대 이래의 행복관에 대해,
홉스는 **인간이란 끊임없이 팽창하는 욕망덩어리**라는
진실을 있는 그대로 직시하라고 외친다.

최후의 선택 아로파

론A Treatise on Government 》에서 약간 변형된 채 개진된다. 개인 자유의 핵심은 비단 생명과 행동의 자유뿐만 아니라 재산property의 향유에 있다. 이렇게 스스로의 재산을 지키고자 하는 개개인의 욕망이 기초가 되어 사회계약이 생겨났고, 정부가 생겨나는 초석이 되었다는 것이다. 이로써 17세기가 끝날 무렵에는 맥퍼슨C. B. Macpherson의 '물욕을 앞세운 개인possessive individual'이 사회를 구성하는 기초라는 생각이 확고하게 자리를 잡게 된다.

인간은 '기계'다

중요하게 기억해야 할 인간관의 변화가 한 가지 더 있다. 인간 또한 물질로 이뤄진 기계일 뿐이라는 유물론적 인간관이 그것이다. 방금 살펴본 홉스의 관점은 이러한 기계적·물질적 인간관을 최초로 명확히 한 일례일 뿐이며, 이는 18세기 프랑스의 유물론자들에게 이양되면서 의사였던 라메트리Julien Offray de La Mettrie의 《인간 기계론L'homme machine 》과 같은 극단적인 주장으로까지 전개된다. 인간은 그저 여러 물질로 조직되어 있는 하나의 기계인형일 뿐이며, 인간의 머릿속과 마음속 감정 그리고 생각 및 사유 등은 인체라는 물질적 조직의 작동 결과물일 뿐이라는 주장이다.

물론 라메트리의 주장은 당대에도 너무 극단적으로 여겨져 널리 받아들여지지 않았지만, 상전벽해와도 같은 인간관의 근본적 변화가 벌어지고 있는 증후임은 분명했다. 그전까지 인간이라는 존재는 항상 신, 죄, 구원 등과 같은 종교적·도덕적 범주와 담론의 영역에 속했고, 인간의 행동과 생각은 인간 스스로의 자유의지로 만들어 가는 것이라 여겨지고 있었다. 그런데 만사만물 나아가 우주 전체마저도 하나의 거대한 기계로 바라보는 기계론적 세계관이 팽배하던 17세기와 18세기를 경과하면서, 인간도 객관적·필연적 법칙에 순응하며 작동하는 모종의 메커니즘이라 바라보기 시작했다.

라메트리와 같이 노골적이며 선정적인 정도까지는 아니었지만, 홉스 이래 18세기 계몽주의자들에 이르도록 거의 모든 사상가들이 인간이라는 존재의 행동과 생각을 규정하는 근본 법칙^{마치 원자와 물질의 운동을 규제하는 뉴턴의 물리학 법칙과 같은}이 존재할 것이라 믿었으며, 그것을 찾아내기 위해 많은 노력을 기울였다. 그 논의 가운데 가장 유력한 후보로 꼽힌 것은 고통과 죽음에 대한 공포 및 회피 그리고 이익과 쾌락에 대한 탐닉이라는, 요컨대 고통과 쾌락 혹은 "당근과 채찍"이라는 문구였다. 물론 이들이 하나의 메커니즘만을 상정한 것은 아니었다. 애덤 스미스처럼 타인에 대한 동정심을 중요한 법칙으로 본 이들도 있었고, 온건한 계몽주의자들처럼 인간의 타고난 양식^{common sense}과 윤리법칙을 중시한 이들도 있었다. 다만 인간 존재가 우주 만물과 마찬가지로 보편적인 '자연법칙'에 따라 그 행동과 생각이 규정된다는 생각은 18세기로 들어서면서 더욱 뚜렷하게 자리를 잡는다.

만사만물 돈으로 환산되던 시절

지금까지 우리는 흑사병과 르네상스 이후 18세기에 이르는 동안 유럽 문명에서 인간 본성과 경제 활동, 탐욕적 개인이라는 것에 대해 대단히 독특한 사고 전환이 발전되어 온 과정을 간략하게나마 살펴보았다. 그 배

후에는 유럽 사회의 경제 조직에 있어서 자본주의적 관계의 팽창이라는 현실적 변화가 자리 잡고 있음은 두말할 나위 없다.

방금까지의 논의를 살펴보면서 어떤 이들은 "이건 어디까지나 몇몇 유명한 저술가들의 견해를 무슨 계보학처럼 늘어놓은 데 불과하지 않은가. 과연 이것만으로 유럽 문명 전체의 인간관과 세계관이 변화했다는 증거라 말할 수 있는가?"라며 의구심을 품을 수도 있다. 물론 현실의 변화와 딱 들어맞지 않는 몇몇 사상가들의 생각이 세상 전체의 생각을 일순간 바꾸지는 못한다. 다만 15세기 이후 18세기까지 눈부시게 팽창한 자본주의 시장 경제라는 현실적 변화를 기억한다면, 앞서 나열한 여러 사상가들의 저술에 나타난 사상적 변화의 흐름은 결코 몇 개의 고립적 예가 아니며 도도한 현실 변화를 반영하는 대표적 증후라 이해할 수 있다.

자본주의의 발전 과정을 일별하는 것조차 무척 많은 지면을 필요로 하지만, 여기에서는 그중 우리의 논의와 직결되어 있는 몇 가지 변화만을 다뤄보겠다. 무엇보다도 먼저 복식 부기double entry book-keeping의 발명과 확산에 주목할 필요가 있다. 13세기까지만 해도 유럽 상인들의 장부는 대부분 금전출납부와 같은 단식 부기였으나, 이러한 단식 부기로는 사업체를 청산하기 이전에는 사업체 전체의 자산가치를 파악할 수도 없고 총 자산가치에서 부채 총액을 빼서 자기자본을 계산해 내는 소위 '자본회계'도 할 수 없다는 단점이 있었다. 이에 15세기부터 이탈리아 북부 도시에서는 대차대조표를 작성할 수 있도록 하는 복식 부기가 발전하기 시작했고, 마침내 1494년 프란체스코 수도승인 루카 파치올리Luca Pacioli에 의해 복

식 부기의 원리와 개요를 체계화시킨 기념비적 저작인 《산술집성算術集成》
이 출간된다. 이후 유럽 각지 상인들은 복식 부기를 배우기 위해 이탈리아
로 유학을 오기도 했으며, 금세 파치올리의 저작은 여러 유럽 언어로 번역
된다.

　이러한 회계 방식의 변화가 왜 그리 중요할까? 사업 진행 와중에도 '자
본회계'를 가능케 하는 대차대조표를 떠올려보자. 그 왼쪽, 즉 차변에 계
상되는 '자산'에는 사업과 연관된 다양한 물건들과 사건이 기록되어 있다.
각종 금융증서에서 사무실 집기를 포함하여 '영업권'과 같은 무형 자산에
이르기까지, 그야말로 업체의 수익 흐름과 관련된 만사만물을 아우르고
있다. 복식 부기를 시작하고 대차대조표와 자본회계를 행하는 사업가는
온 세상 만사만물을 "수익 흐름에 어떤 영향을 미치는가"라는 관점으로
살피게 된다. 이를 막스 베버는 '자본회계의 합리성'이라 부른 바 있다.

　이제 돈 계산은 옛날 투기꾼들이 그랬던 것처럼 허망한 예측과 망상에
근거하지 않으며, 장돌뱅이 상인들이 하듯 뻔한 숫자 놀음에만 그치지 않
는다. 만사만물이 '자산'으로서 어떠한 가치를 갖는지, 순식간에 계산해
내는 보편적인 세계관과 인간관으로 격상된다. 그리고 이러한 '자본회계
의 합리성'을 내세우는 부르주아들은 완전히 새로운 세상을 만들어 내는
주역으로 나선다. 더 이상 돈 계산은 '탐욕의 죄악'과 같이 저주의 대상이
아니다. 오히려 만사만물을 가장 합리적·효율적으로 재배치할 수 있는,
'신의 질서'를 대변하는 것이 되었다.

더 이상 돈 계산은 '탐욕의 죄악'과 같이 저주의 대상이 아니다.
오히려 만사만물을 가장 합리적·효율적으로 재배치할 수 있는,
신의 질서를 대변하는 것이 되었다.

PROLOGUE
탐욕적 개인의 출현

경제생활을 지배하는 영리 활동

이와 맞물려 진행된 경제생활의 가장 큰 변화는 기업 등 영리 조직의 비중이 날로 커져 갔다는 데 있다. 중세까지만 해도 유럽인들의 경제생활은 압도적으로 장원manor과 같은 농촌 공동체 속에서 영위되고 있었으며, 이는 기본적으로 공동체와 성원들의 '살림살이' 해결, 즉 자급자족을 목표로 하는 경제 조직에 불과했다. 물론 상업과 제조업을 전담하는 도시들도 있었지만, 중세 유럽의 도시들이 본격적인 영리 조직이었다고 말하기는 힘들다. 원칙적으로 모든 상인들과 수공업자들은 각각 자신의 동업조합guild에 소속되어 그 규제를 받아야 했으며, 이 동업조합들도 그 목적을 이윤의 무한한 추구가 아니라 조합원들의 살림살이 해결에 주안점을 두었다는 점에서 농촌의 장원과 크게 다르지 않았다. 이윤 그 자체의 추구를 목적으로 하는 진정한 영리 조직은 크기도 얼마 되지 않았을 뿐만 아니라, 이것이 유럽인들의 경제생활에서 차지하는 비중도 크지 않았다.

하지만 16세기를 경과하면서 이야기는 다른 양상으로 펼쳐진다. 일정한 영토 내 주권을 행사하던 초기 절대주의 국가가 영국과 프랑스에서 등장하자, 농촌 공동체와 도시 동업조합은 이들 국가 권력에 의해 크게 약화되고 단일한 '전국 시장national market'이 발달하게 된다. 사람들은 일상생활에 필요한 많은 것들을 점점 더 이 시장에서 돈을 주고 사게 되었으며, 물품을 공급하는 이들은 날이 갈수록 이윤을 노리는 영리 사업가들의 경제 조직으로 대체되었다. 이러한 시장에서 공동체의 가치라든가, 그 옛날 스콜라 철학자들이 말하던 '공정가격'은 잠꼬대에 불과했다. 판매자나 소비자 모두 가격과 품질이라는 '상품 자체의 논리'에 따라 행동하는 그야말로 원자와 같은 '호모 에코노미쿠스'일 뿐이었고, 그에 따라 가격은 얼마든지 올라갈 수도 내려갈 수도 있었다. 마침 발달하기 시작한 정치경제학이라는 학문은 이렇듯 자신의 이익만을 생각하는 이기적 개개인의 움직임에 따라 가격과 거래량이 변동하는 시장의 법칙을 연구했다.

특히 상업이 발달한 영국의 경우, 18세기에 접어들면서 영리 사업가들과 그들이 경영하는 영리 조직 주도의 시장 경제가 최소한 런던과 몇 개 도시에서 지배적 현실이 되었다. 여전히 영국이나 특히 유럽 전체로 보자면 농업 지역이 압도적이었지만 이제 영리 조직과 영리 사업가들, 즉 자기 이익을 좇는 탐욕적 개인들로 구성되는 시장이라는 게 분명해졌다. 더불어 유럽과 그 부속 식민지 지역까지를 포괄하는 '세계 시장world market'이 구성되고 있었다. 그 네트워크가 밀집된 암스테르담이나 런던 등 중심지는 시장 경제라 해도 좋을 만큼 자본주의가 만개하고 있었다.

산업혁명 이후의
대전환

        인간관과 경제사상의 변화와 맞물려 진행되고 있던 자본주의의 발전에도 뚜렷한 한계는 있었다. 산업혁명을 거치면서 기계제 생산과 연관된 본격적인 근대 산업 자본주의가 탄생하기 때문이었다. 당시 인간관 및 세계관의 변화는 전통적 사상과 완전히 단절된 채 새로운 경지로 발전하는 양태가 아니었다. 시장 경제가 가장 융성했던 18세기 영국조차 여전히 반농반상半農半商이라 할 정도로, 상업적 관계의 침투와 전통적 농촌 경제의 해체가 한계 상황을 맞고 있었다.

  인간은 누구나 이기적인 면을 가지고 있으며 경제적인 이득을 탐하여 그에 의해 움직이게 마련이라지만, 그렇다고 그것이 인간 행동 유일의 동기는 아니며 실제로 그렇게 되기 위해서는 근본적인 사회구조적 변동이 필요했다. 고전적인 예로서, 프러시아와 폴란드 경계 지역의 전통적 농촌 주민들의 행태에 대해 베버가 지적한 바를 들 수 있다. 이 지역에서 영리적 목적으로 농업 사업체를 경영하던 독일 자본가는 폴란드인 농민들에게 더 많은 일을 시키기 위해 금전적 유인을 제공했지만, 일정하게 돈을 번 농민들은 더 많은 돈을 벌어야 할 필요를 느끼지 못한다. 오히려 이들은 벌어들인 돈으로 삶을 즐기기 위해 장시간 노동을 거부한다.

15세기에서 18세기에 이르는 기간 동안 유럽 전반에 자본주의 시장 경제로의 전환이라는 거대 변화가 일어난 것은 분명하지만, 전통적인 삶의 방식을 송두리째 바꿔 놓을 정도는 아니었다. 따라서 앞서 지적한 여러 인간관 및 경제사상의 변화 또한 '가치의 전복'이라 할 정도의, 전통적 사상과 완전히 단절되는 경지로까지 발전하는 데에는 한계가 있었다.

비록 물욕과 이기심을 긍정적으로 바라보는 사상이 나타나기는 했지만, 모든 사람이 제각각의 이익을 추구하는 '호모 에코노미쿠스'의 세상을 이상적 질서나 규범이라 일컬을 지경까지는 아니었다. 그러한 논리를 극단으로까지 밀어붙여 도덕적 아이러니를 자아냈던 맨더빌과 같은 사람마저도 인간의 탐욕과 이기심이 사회 전체를 이롭게 하려면, 뛰어난 정치가 및 국가 지도자가 끊임없이 노력하고 제도 및 정책적 혁신을 거듭해 그들의 행동을 일정한 방향으로 이끌어야 한다는 입장이었다. 이를 감안해서 생각하면, 사실 맨더빌의 주장은 전혀 새로운 것이 아니었다. 이는 플라톤의 '이상 국가론'에 이미 제시되어 있을 뿐만 아니라, 17세기 여러 정치경제학 논고에서 국가 경영술의 기초적 명제로 계속 반복되어 왔던 생각이었다.

호모 에코노미쿠스라는 인간 본성으로부터 누구도
거스를 수 없는 경제와 사회의 운동법칙이 나오게 되는 바,
이러한 시장법칙에 순응하고 그것을 존중하는 것이
사회를 조직하고 운영하는 올바른 원리로 자리 잡게 된다.

최후의 선택 아로파

개인주의 사회사상도 마찬가지였다. 홉스에서 루소에 이르는 사회계약설에서 상정하고 있는 '자연 상태에서의 개인'이란 단위는 어디까지나 논리적 구성을 위한 일종의 사고 실험thought experiment과 같은 것일 뿐, 일단 그렇게 해서 사회와 공동체라는 것이 논리적으로 도출된 후에는 기존 전통사회의 가치와 윤리 및 제도 등이 그 바탕 위에서 다시 정당화되었다. 그래서 이들의 주장은 결코 "개개인의 동의를 물어 그 재가를 받지 않은 모든 제도와 규범은 무효"라는 식의 파천황적 급진주의로 이어지지 못했다.

인간의 행동과 생각이 필연적인 자연법칙에 따라 일정하게 규정되는 존재라는 생각 또한 그러했다. 애덤 스미스는 인간이 이기적인 존재라는 것을 누구보다도 뚜렷하게 인식한 사람이었지만, 결코 그것만으로 인간과 세상의 운동이 결정된다고 생각하지 않았다. 오히려 인간이 가지고 있는 '도덕 감정moral sense'이 근본적이고도 포괄적인 영향을 미친다고 믿었다. 이렇듯 인간 존재와 사회 구석구석을 규제하는 단일의 법칙이 존재한다는 생각은 18세기가 끝나가던 무렵까지도 등장하지 않았다.

마침내 산업혁명과 기계제 생산이 시작되면서 인간 세상을 환골탈태시킬, 실로 1만 년 전 '신석기혁명' 이래 가장 극적인 대변혁이 찾아온다. 이 변화를 겪고 난 뒤에야 인간관과 경제생활에 대한 사람들의 생각은 그 이전과 완전히 단절한다. 자기 이익을 좇는 인간의 탐욕은 인간의 여러 성향 중 하나에 불과한 게 아니라 가장 본질적인 인간 본성이라고까지 여겨졌을 뿐만 아니라, 그에 입각한 행동만이 유일하게 합리적이라고 추앙받기 시작한다. 이제 사회란 이러한 개인들의 이익을 보장하기 위해 벌어지는 이합집산과 계약에 의해 구성되는 임시적 가건물일 뿐, 그러한 개개인의 이익에 반하거나 그들의 동의를 얻지 못하는 순간 물거품처럼 사라지는 하찮은 존재에 불과하다. 그리하여 '호모 에코노미쿠스'라는 인간 본성으로부터 누구도 거스를 수 없는 경제와 사회의 운동법칙이 나오게 되는 바, 이러한 시장법칙에 순응하고 그것을 존중하는 것이 사회를 조직하고 운영하는 올바른 원리로 자리 잡게 된다.

쾌락과 고통 기제의 자동인형

현대 경제 및 사회가 '기계적 과정machine process'의 성격을 띠고 있다는 말을 들으면, 보통 큰 공장과 정교하고 복잡한 생산라인의 기계를 떠올리곤 한다. 하지만 미국의 경제사상가 소스타인 베블런은 정작 이 말에서 주목해야 할 바는 사회를 구성하는 여러 과정이 기계적으로 되어 사회 전체가 하나의 기계로 변해 가는 현상이라 강조한 바 있다. 농경제 시대에는 흉년이 든다고 해서 어촌 주민들까지 심한 고통을 받거나 하지 않았고, 도시에서 가격 침체가 일어났다고 해서 농촌 주민들이 굶주리거나 하지 않았다. 하지만 기계제 생산의 시대는 달랐다. 이는 거의 모든 생산물들의 생산 과정에 또 다른 거의 모든 생산물들을 투입하게 되는 복합적 생산 과정이어서, 사회 구석구석의 모든 사람들과 물자, 사회적 과정이 그야말로 유기적으로 연결되지 않을 수 없다. 이 기계제 생산이 제대로 작동하려면 사회 전반적인 과정이 마치 정교하고 복잡한 기계의 톱니바퀴와 피댓줄처럼 시간적·공간적으로 촘촘하게 맞물려 돌아가야 한다.

한 치의 오차나 시간 착오라도 생겼다가는 원료의 공급과 물류의 흐름이 교란되어, 전체적 생산 나아가 영리 활동상 치명적인 손실을 입거나 비효율을 낳을 수밖에 없다.

산업사회가 제대로 작동하려면 생산의 중심에 놓인 기계적 효율성과 합리성에 맞춰 인간 세상이 재조직되어야 했다. 이를 위해 인간과 자연은 생산의 주역이란 권좌를 기계에 내어 주고 필요한 때 필요한 만큼 투입되는 '생산 요소'로 내려앉아야 했다. 이로써 인간과 자연의 움직임을 오차 없이 규제하고 조절할 법칙이 요구되었는데, 무생물인 '자연'이야 그렇다 치더라도 자유의지와 감정 그리고 이성을 가진 인간을 마음대로 동원할 존재로 만든다는 것은 그리 간단한 일이 아니었다.

이즈음 벤담Jeremy Bentham의 혁신적 인간관이 시대적으로 각광을 받게 된다. 베블런이 풍자적으로 묘사한 대로, 인간을 '자신의 여러 쾌락과 고통을 번개처럼 계산해 낼 줄 아는 존재the lightening calculator of pleasures and pains'로 바라보는 이른바 공리주의적 인간관이다. 즉, 인간 자신을 하나의 기계로 보는 관점으로, 예전의 라메트리와 같은 무지막지한 유물론에 입각한 게 아니라 고통을 피하고 쾌락 혹은 효용utility을 더 많이 얻으려는 알고리즘이 내장된 하나의 자동인형이 인간이라는 철학이다. 이는 오늘날까지 경제학에 고스란히 살아남아 현대인의 인간관을 규정하는 주요한 관점이 되었다.

고통을 피하고 쾌락을 얻고자 하는 인간을 조종하는 방법은 아주 간단하다. 뜻하는 대로 움직이면 더 많은 쾌락을 얻을 수 있도록 이익을 보장하고, 그렇지 않으면 여러 삶의 고통 중 가장 밑바닥의 고통이라 할 굶주림을 겪도록 만들면 된다. 다시 말해서, 인간은 이득이라는 당근과 굶주림이라는 채찍을 사용하여 얼마든지 일하도록 만들 수 있는 존재라는 인간관이 등장했다. 인간은 지극히 게으른 존재여서 이 두 가지 장치 중 어느 하나라도 작동하지 않으면 결코 성실하게 일하려 하지 않는다는 관점이다. 이에 따라 기계제 생산에 필요할 때 필요한 만큼 투입되는 탄력적 생산 요소로서 인간을 탈바꿈시키는 방법은 간단했다. 곧 인간은 노동 시장의 수요와 공급에 따라 임금 수준과 고용량이 결정되는 하나의 상품, 즉 '노동'으로 대체되었다.

타운센드의 '개와 염소의 균형'

인간을 오로지 경제적 이익그리고 그 반대인 굶주림이라는 한 가지 동기에 의해서만 움직이는 존재로 바라보는 극단적이고 경제주의적인 인간관이 극적으로 등장하게 된 계기는 칼 폴라니의 저서 《거대한 전환》에서도 자세히 소개되고 있다.

18세기 말 영국의 농촌은 갈수록 더 많은 빈민들로 우글거리게 되는데, 당시 팽창일로였던 세계 무역에 적극 참여하며 공장의 효율성을 앞세워 수출 대국으로 부상하던 영국에서는 농촌 지역 사이사이 공업 지대들이 새롭게 조성되고 있었고 농촌 인력은 산업 노동자로 재빨리 흡수되고 있었다. 그런데 시장 경기는 부침浮沈과 등락을 거듭할 수밖에 없는 것이어서, 경기가 좋지 않을 때마다 노동자들은 해고되기 마련이었고 그때마

인간 자신을 하나의 기계로 보는 관점으로,
고통을 피하고 쾌락 혹은 효용을 더 많이 얻으려는
알고리즘이 내장된 **하나의 자동인형이 인간**이라는
공리주의 철학이다.

다 이들은 자신이 살던 농촌 지역으로 돌아와 빈둥거리곤 했다. 즉, 근대적 노동계급이 성장하면서 소위 '산업예비군'도 형성되고 있었다. 물론 현대인의 안목으로 보자면 산업혁명의 부산물일 뿐이지만, 동시대인들에게 이들 농촌 빈민의 증가는 참으로 풀기 힘든 난제였다. 더욱이 당시 영국의 여러 지역에서는 지역의 행정적 재정으로 농촌 빈민들에게 소득 수준을 일정하게 보장해 주는 소위 '스핀햄랜드 법Speenhamland Law'이란 구빈법이 시행되고 있었다. 따라서 증가하는 빈민의 수는 곧 지방 재정과 구빈법 행정의 위기로 직결되는 심각한 사안이었다.

빈민이 계속 늘어나는 원인은 무엇이었을까? 당시 팸플릿을 보면 맥주 대신 위스키를 너무 마신다든가 홍차를 마시는 버릇이 문제라든가 하는, 실로 터무니없는 분석이 등장한다. 그러다 1786년에 출간된 조셉 타운센드Joseph Townsend의 〈구빈법에 대한 논고A Dissertation on the Poor Laws〉에서 중요한 발상 전환이 엿보인다. 요컨대, 이 세상에는 먹여 살릴 수 있는 것보다 더 많은 인구가 존재한다는 주장이다. 그는 먼저 로빈슨 크루소가 살았을 법한 대서양의 한 무인도로 이야기를 옮겨 간다. 옛날 스페인 상선들이 대서양을 오가다가 식량으로 쓰기 위해 이 섬에 염소들을 잔뜩 풀어놓는 일이 있었다. 그런데 스페인 상선을 털어 노략질을 일삼던 영국 해적이 이 섬을 뻔질나게 드나들면서 염소 고기를 포식하는 일이 벌어진다. 당황한 스페인 당국은 염소들을 없애기 위해 암수 한 쌍의 개들을 다시 섬에 풀어놓는다.

그 결과, 처음에는 개들이 염소를 마구 잡아먹고 또 새끼를 낳으면서 맹렬하게 번식한다. 하지만 일정한 시간이 지나고 나면 이 섬의 염소와 개의 숫자가 매우 안정적인 균형 상태에 도달하게 된다. 염소가 그보다 줄어들게 되면 식량이 떨어진 개 또한 번식에 차질을 빚고, 천적인 개가 줄어들면 염소가 늘어났다 다시 먹잇감이 되는 과정이 반복되었기 때문이다.

이것이 과연 실재한 일이었는지 심히 의심스럽기는 하지만, 타운센드는 여기에서 아주 심오한 결론을 도출한다. 즉, 빈민을 먹여 살려 줄 것이 아니라 굶어 죽도록 내버려 두어야 한다는 주장이다. 굶주림의 고통에 쫓기다 보면 빈민은 한 푼이라도 더 벌려고 스스로들 일자리를 찾아 움직일 것이며, 그 과정에서 사회가 생산한 식량의 양만큼 먹여 살릴 수 있는 정도의 사람만 살아남게 된다는 논리였다.

굶주림은 제아무리 흉맹한 동물이라도 순하게 길들이는 법이며, 제아무리 비비 꼬인 꼴통들이라도 예의와 공손함, 순종과 복종 등을 가르치는 법이다. 무릇 그들에게 일하고 싶은 마음이 들도록 자극하고 부추길 수 있는 건 오직 굶주림뿐이다.

'탐욕적 개인'에게 사회란 없다

타운센드의 견해는 19세기 수많은 사회사상가들, 특히 다윈 Charles Darwin 과 저 유명한 《인구론》의 저자 맬서스 Thomas Malthus 그리고 리카도 David Ricardo 등에게 영향을 미쳤다. 특히 맬서스와 리카도는 인간이 오직 굶주림과 이익이라는 법칙만으로 움직이는 존재이며, 여기에 토지의 비옥도와 수확 체감의 법칙으로 결정되는 식량의 양이 더해져 임금 수준과 실업률, 이윤율 및 자본 축적을 결정한다는 경제법칙의 한 체계를 구축했다. 이를 기초로 삼은 영국 고전파 정치경제학은 오늘날까지도 현대인의 인간관과 세계관을 크게 결정짓고 있다. 따라서 소위 '인구법칙'과 '임금철칙'의 기틀을 마련한 맬서스의 이론을 일별하는 것은 유의미하다.

맬서스는 토지의 비옥도에 차이가 있음을 중시했다. 처음에는 가장 비옥한 땅이 경작되겠지만, 인구가 늘고 먹여야 할 입이 늘면 그보다 덜 비옥한 땅도 경작하게 된다. 이렇게 되면 갈수록 농업상 노동과 자본 투입 대비 곡물 산출량이 줄어들 것이다. 자연의 세계는 '희소성'을 법칙으로 삼되, '먹여야 할 입' 즉 인구는 그야말로 기하급수적으로 늘어나는 특징을 갖고 있다. 따라서 이 세상에는 항상 사람들을 먹여 살릴 수 있는 식량의 양이 한정되게 마련이며, 그것을 먹고 살아갈 수 있는 최하층 인구의 수도 미리 결정되어 있다. 이것이 노동 시장에서 임금 수준과 고용량으로 나타나게 된다.

이때 임금이 살짝 오른다고 가정해 보자. 노동자들은 보다 잘 먹고 '힘이 남아돌아' 성욕이 왕성해질 것이며, 더 많은 아이들이 태어날 것이다. 맬서스는 인간이 도저히 성욕을 제어할 수 없는 존재라 보았고, 태어난 아이들마저 일자리를 찾아 노동 시장으로 진입할 터이니 노동가격은 하락하게 될 것이라 여겼다. 아이들이 자라 노동 시장으로 편입되려면 최소한 10여 년이 소요될 텐데, 19세기 초 영국에서는 아동 노동이 일반적이었으며 의회조사 보고서에 따르면 3

세짜리 노동자도 있었다! 이렇게 해서 임금은 다시 하락하겠지만 그 하락 폭이 지나쳐 최저생계비에도 이르지 못하면 노동자들의 영양 및 생활 상태가 악화됨으로써 하나둘씩 죽음을 맞을 것이다. 그리고 이는 다시 노동자의 수를 줄여 임금을 끌어올리는 요인이 될 것이다.

노동자의 임금이 사회가 갖고 있는 식량의 양과 노동자의 수에 따라 최저생계비 수준에서 결정되는 '철의 법칙'으로 작동한다는 논리에 기초하여, 타운센드나 맬서스가 단호하게 공격 대상으로 삼았던 것은 구빈법이었다. 자기 이익에 대한 탐욕, 굶주림에 대한 공포로 동기화된 개개인으로 구성된 시장 경제, 즉 근대의 경제적 사회 economic society 에서는 자기 이익을 악착같이 좇는 원자적 개인들의 경쟁이 주어진 식량의 양과 인구 수를 한계 삼아 일정한 법칙을 만들어 내고 그에 따라 임금 수준과 고용되어 생존할 수 있는 노동자의 수를 결정짓는다. 그런데 스핀햄랜드 법과 같은 구빈법이 마땅히 자연의 법칙에 따라 굶어 죽게끔 운명 지어진 빈민들을 '공동체의 사랑'이라는 어쭙잖은 감상주의로 억지스레 살려 놓음으로써, 달리 살아남아야 할 사람을 굶어 죽게 하고 살려 놓은 빈민들은 공짜를 바라는 습성에 물들게 함으로써 사회 전체적인 근로 의욕과 노동 생산성을 떨어뜨린다. 따라서 백해무익한 구빈법을 철폐하고 모든 이들로 하여금 각자 알아서 자기 이익을 챙기도록, 즉 시장의 '호모 에코노미쿠스'가 되도록 강제하되 그 책임은 스스로 지게끔 하자는 주장이었다.

이렇게 되면 사회니 공동체니 하는 것은 완전히 무의미해진다. 전 영국 수상 마거릿 대처의 말처럼, "사회란 존재하지 않는다. 오로지 개인만이

사회란 존재하지 않는다. 오로지 개인만이 있을 뿐이다.
이 개인들은 스스로의 경제적 이익을 극대화하기 위해
자신의 모든 쾌락과 고통을 순식간에 돈 계산으로 바꿀 줄 아는 존재이며,
자신에게 이득이 생겨날 혹은 굶주림을 피할 전망이 없다면 남을 위해
손가락 하나 까딱할 생각이 없는 존재이다.

최후의 선택 아로파

있을 뿐이다." 이 개인들은 스스로의 경제적 이익을 극대화하기 위해 자신의 모든 쾌락과 고통을 순식간에 돈 계산으로 바꿀 줄 아는 존재이며, 자신에게 이득이 생겨날 혹은 굶주림을 피할 전망이 없다면 남을 위해 손가락 하나 까딱할 생각이 없는 존재이다. 이들이 잘되어 부자가 되든지 아니면 쫄딱 망해서 목구멍에 거미줄을 치든지, 그것은 남들 혹은 '사회'가 관여할 바가 아니다.

역으로, 굶어 죽든 말든 신경도 쓰지 않는 '사회'를 개개인이 소중히 여기고 돌보아야 할 이유는 또 무엇인가? 결국 인간 세상은 '호모 에코노미쿠스'의 이합집산의 장場인 시장 경제일 뿐이다. 이곳을 지배하는 법칙이 있다면 시장 경제 내 수요 공급의 운동에서 파생되는 각종 경제법칙이 있을 뿐이다. 탐욕에 눈 먼 개인들을 국가 경영자가 적절한 정책과 제도로 이끈다는 생각마저 건방진 소리이다. 개인들의 탐욕에 채운 고삐를 완전히 풀어 주고 모든 것을 그들에게 맡기는 것, 이것이 유일하고도 최상의 사회 조직 및 운영 원리라는 게 그들의 핵심 논리였다.

대략적이나마 살펴본 이러한 19세기 초 영국의 경제적 자유주의의 인간관이자 경제사상 및 세계관 덕분에, 몇천 년을 지배했던 전통적 인간과 경제는 완전히 자취를 감췄고 거울의 역상逆像이라 할 만큼 정반대의 모습이 당연한 인간 본성 그리고 경제 활동의 성격으로 대치되었다. 이후 20세기로 들어오면서 1930년대 대공황 이래 극단적인 인간 본성론과 경제사상에 근거한 자유방임 자본주의에 대한 대대적인 반성이 나타나기도 했다. 그리하여 1930년대에서 대략 1980년대 초에 이르는 약 반세기 동안 소위 '수정 자본주의'라 불리는, 상당히 완화된 형태의 자본주의가 주류가 된 적도 있었다. 하지만 1980년대 이후 이른바 '신자유주의'라 불리운 강성의 시장 근본주의가 다시 지배적 담론의 자리를 차지하면서, 19세기 경제적 자유주의에 입각한 인간관과 경제사상이 부활하여 전 지구적 맹위를 떨치게 된다. 이는 21세기 대한민국도 예외가 아니었다.

최후의 선택 아로파

잃어버린
공동체

지구화 시대 자본주의는 실로 승승장구를 거듭하는 듯했지만, 2008년에 전면화된 세계 경제 위기로 그 발걸음에 급제동이 걸렸다. 미친 듯 솟구치던 여러 자산 시장은 순식간에 반토막이 났다가, 지금 비록 군데군데 많이 회복되기는 했지만 예전과 같은 힘과 '모멘텀momentum'을 갖지 못하는 상태이다. 금융 및 자본 시장 바깥에서 우리의 살림살이와 좀 더 직결되어 있는 산업 경제는 지금까지 대부분 나라에서 불황을 면치 못하고 있으며, 이 불황이 언제쯤 끝날지에 대해서는 어느 누구도 자신 있게 예측하지 못하고 있다.

이로써 미래에 대한 낙관주의로 대충 미뤄 뒀던 두려운 일들이 하나둘 현실화되고 있다. 어느 나라 할 것 없이 1퍼센트의 부유층과 대다수 근로 대중들 사이에 지독한 양극화가 진행되었는데, 이는 앞으로 더욱 심화될 전망이다. 그동안 악화되어 온 실질임금과 사회 복지를 위한 이전 소득으로 대다수 사람들의 소득 흐름은 점점 왜소해졌건만, 실생활에 소요되는 비용은 상당량 늘어나 각종 형태의 대출과 가계 부채가 쌓여만 간다. 이 산더미 같은 가계 부채는 어디라 할 것 없이 경제 회생의 활력을 짓누르고 있다. 사람들은 이제서야 묻기 시작한다. "우리가 너무 지나친 게 아니었을까? 자본주의는 정말로 괴물이 되어 버린 게 아닐까?"

이에 지구적 자본주의가 가장 맹위를 떨쳐 온 미국 그리고 중국의 상하이로 가보고자 한다. 그곳 사람들은 어떻게 살고 있으며, 인간과 사회와 경제에 대해, 나아가 인생의 의미에 대해 어떤 생각을 갖고 있는지 두루 살펴볼 것이다. 다른 한편으로 이러한 자본주의적 인간관과 경제사상이 나타나기 이전 몇천 년간 인류가 가졌던 인간관과 경제관을 거의 그대로 간직하고 있는 대륙과 해양 오지奧地의 공동체 몇 군데도 둘러볼 예정이다. 물론 이 두 종류의 사회는 중대한 차이를 갖고 있다. 미국과 상하이는 고도로 발전한 산업사회이며, 그 반대편에 놓여 있는 여러 공동체는 사실상 산업사회 이전의 경제 발전 단계에 머무르고 있다.

이미 언급했듯이, 자본주의적 인간관과 경제사상이 이렇게 급속도로 또 근본적으로 온 인류의 의식을 철저하게 지배하게 된 직접적인 계기는 산업사회의 기계제 생산에 있다. 따라서 그러한 변화를 겪지 않은 후자의 사회에서 통용되는 인간관과 경제사상을 오늘날 우리가 살고 있는 환경에 그대로 대입시키기란 불가능할 것이다. 그렇다고 그러한 사회로 돌아키자는 것이 향후 서술의 목적도 아니다. 다만 목가적 공동체에 대한 고

산업사회에 살게 되었다고 해서 나와 너의
그리고 우리 **전체의 진정한 행복과 사랑**이
실현되는 경제생활은 영영 잊어버려야 할
남가일몽이 되어버린 것인가.

찰이 분명 우리에게 미치는 영향은 있을 터이니, 바로 자본주의에 살고 있는 우리가 얼마나 멀리 와버렸는지를 보여 주는 거울의 역할을 기대할 따름이다.

이들 공동체는 21세기라는 같은 시간대에 존재하는 지구촌 모습이라 믿기 어려울 정도이다. 극단을 달리는 미국과 상하이의 비인간적 자본주의라는 일그러진 얼굴 또한 믿기 어렵지만, 깊은 산속과 대양 한가운데 자리한 순수와 사랑의 공동체도 믿기 어렵기는 매한가지이다. 다만 숨가쁜 일상을 잠시 멈추고, 상반된 두 사회를 바라보며 생각해야만 한다. 과연 이대로 살아가는 게 옳은 일인가? 사람은 정말로 돈을 벌기 위해 나아가 "노후를 준비하기 위해" 태어난 존재가 맞는가? 옆 사람의 행복과 고통은 정말 자신의 살림살이와 아무 상관도 없는가? 산업사회에 살게 되었다고 해서 나와 너의 그리고 우리 전체의 진정한 행복과 사랑이 실현되는 경제생활은 영영 잊어버려야 할 남가일몽이 되어 버린 것인가?

최후의 선택 아로파

경제협력개발기구는 세계 모든 나라들에서
경제적 불평등이 존재하지만 미국은
그 정도가 유럽 국가들보다
훨씬 심하다고 지적했다.

CHAPTER

아메리칸
드림의 그늘

2008년 서브프라임 모기지론비우량 주택담보대출 사태로 야기된 미국의 금융 위기는 이제까지 경험하지 못한 자본주의의 새로운 위험을 경고했다. 이는 인플레이션과 디플레이션이 반복되던 자본주의의 경제순환 주기와 전혀 다른 형태로, 미국 사회를 탈출구 없는 불황에 빠뜨렸다. 미국의 저명한 저널리스트 대니엘 핀치벡Daniel Pinchbeck은 2011년 9월에 출간된《What comes after money》에서, 미국의 금융 자본주의란 빚으로 빚을 불리고 그 빚을 담보로 보험회사가 보증을 서서 마침내 돌려받지 못한 빚의 차용증을 정부가 사들이는 "순수한 돈놀이"에 불과하다며 노골적으로 비판했다. 나아가, 그렇게 해서 몇 배로 불어난 빚을 모든 미국인들에게 떠넘김으로써 미국 사회 전체가 빈곤 상태에 빠질 것이라 경고했다. 한마디로 돈이 미국을 가난하게 만든다는 얘기였다.

미국이란 자본주의 사회에서 "돈이 사람들을 가난하게 만든다"는 이 기이한 수수께끼는 애꿎은 사람을 제물로 삼은 고대 스핑크스의 장난처럼, '언제 자본주의에 잡아먹힐지 모른다'는 빈곤의 공포를 조장했다.

미국이란 자본주의 사회에서 "돈이 사람들을 가난하게 만든다"는 이 기이한 수수께끼는 애꿎은 사람을 제물로 삼은 고대 스핑크스의 장난처럼, '언제 자본주의에 잡아먹힐지 모른다'는 빈곤의 공포를 조장했다. 그리고 이 공포는 소리 소문 없이 미국 사회 전역으로 번져, '자유와 인권의 나라'라는 자존적 가치마저 뒤흔들었다. 어디서부터 어떻게 잘못된 것인가. 우리는 현대판 스핑크스, 자본주의의 수수께끼를 풀기 위해 '아메리칸 드림'의 이면을 들여다보고자 한다.

분명 미국은 지난 250년간 '미국적 가치'를 확립하며 전 세계 어느 나라도 넘볼 수 없는 독보적 입지를 구축했다. 1620년 영국의 청교도들이 종교적 박해를 피해 메이플라워호를 타고 대서양을 건너 아메리카에 정착한 이래, 미국은 누구든 노력하면 성공할 수 있는 기회의 땅이었다. 1831년 연수차 미국에 머물렀던 프랑스의 정치사상가이자 역사가인 토크빌 Alexis de Tocqueville 은 미국을 무조건적인 사회 평등이 실현되는 곳이라 보았고, 그러한 경외의 시선에서 쓰인 그의 미국 견문기 《미국의 민주주의》는 유럽의 계몽사상 형성에 결정적 촉매제 역할을 했다. 이처럼 미국은 유럽

의 사회적 차별로부터 '도망친 난민들'에 의해 건설된 국가로서 구대륙의 신분적 사고방식으로부터 자유로웠으며, 누구라도 '신대륙'의 땅을 개척하면 부를 축적할 수 있는 곳이었다.

여기서 주의 깊게 살펴보아야 할 점은, 미국이 유럽의 구시대적 잔재와 결별하는 대신 택했던 사회 통합의 논리가 시장적 사고방식market mentality에 기초한다는 것이다. 시장 경제는 간단히 말해 재화와 서비스가 화폐를 매개로 교환되는 시스템이다. 이 시스템은 화폐 이외 모든 사물의 가치가 화폐에 의해 매겨짐으로써 작동된다. 이때 수요와 자원의 희소성을 두고 유발되는 경쟁은 자유의 이름으로 보장되어야 한다. 개인은 자신이 원하는 재화와 서비스를 얻기 위해 더 많은 화폐를 얻어야 하고, 화폐는 개인의 욕망을 실현시킬 수 있는 물적 요인으로 간주된다. 나아가 화폐는 수의 세계가 무한한 것처럼 개인의 욕망을 무한대로 실현시킬 수 있다고 믿어졌다.

미국을 이끌어 온 이와 같은 시장 경제 논리 속에서 개인이 성취한 부는 곧 노력의 결실이자 욕망의 실현을 의미했다. 다시 말해 미국은 욕망의 절제에 대한 덕목이 욕망의 무한한 실현을 상쇄하지 않았고, 부자에 대한 존경 어린 시선은 미국인의 성숙한 태도로 여겨져 왔다. 그 결과 미국은 누구나 부자가 될 수 있는 나라, 부자가 존경받는 나라가 되었다. 그렇게 해서 미국은 GDP 1위의 세계 제일의 경제 대국으로 성장했고, 21세기 부자가 가장 많은 나라가 되었다.

'날강도 귀족'들의
출몰

    미국 문명은 여러 모순되고 상반된 이상과 가치 및 신념이 역사적으로 복잡하게 얽혀 형성되었기에 하나의 단일한 색깔을 지닌 사상이나 이념으로 총칭하기 매우 어렵다. 다만 누구도 부인하기 힘든, 거의 미국의 '민족적 특징'으로까지 뿌리 내린 가치와 경향 몇 가지를 꼽아 볼 수는 있으니 그중 하나가 '능력 본위의 개인주의'이다.

    조지 워싱턴George Washington이 자신을 군주로 만들려는 움직임을 단호히 거부하고 공화국을 수립한 이래, 미국인 그 누구도흑인을 제외한 귀족이 아니며 농노나 노예도 아니라는 것은 부동의 원칙이 되었다. 모두가 평등하게 태어나 법적 평등을 누리는 전대미문의 사회가 18세기 말에 나타난 셈이다. 이는 19세기 프랑스의 명민한 사상가 토크빌이 그의 저서 《미국의 민주주의》에서 세밀하게 밝힌 바이기도 하다.

이렇듯 평등한 개인 간 사회적 지위 고하를 결정하는 데 있어서 신분이나 태생 따위는 원칙적으로 무용하며, 오롯이 개인의 능력이란 척도가 그 기준이 될 수밖에 없었다. 그래서 모든 이들은 각자의 능력으로 자신이 사회에 소용이 닿는 존재임을 입증하고 그로써 스스로의 위치를 확보한다는 것이, '아메리칸 드림' 혹은 '미국적 신화'에 아주 중요한 구성 요소가 되었다.

그렇다면 개인의 능력을 측정하는 척도란 무엇일까. 이즈음해서 미국 사회의 근원으로부터 그 본질을 규정하는 핵심적 요소 하나가 등장한다. 바로 돈이다. 이는 결코 최근 몇십 년간의 현상이 아니다. 미국인들의 사고와 정서에 있어서 돈이 어떤 의미를 지니는지 알고 싶다면 소설《위대한 개츠비The Great Gatsby》를 권하는 바이다. 물론 미국 문명에서 돈의 중심성은 독립 이전 벤저민 프랭클린Benjamin Franklin의 시대부터 잠재해 있었지만, 그것이 전면적으로 개화된 시대는 역시 마크 트웨인Mark Twain이 "금칠갑 시대gilded age"라고 불렀던 남북전쟁이 끝난 1870년대 이후이다.

이 시대야말로 미국이 본격적인 산업사회로 전환하던 시기였다. 대륙을 횡단하여 대서양과 태평양을 잇는 철도가 뚫렸고, 이를 줄기 삼아 지역과 마을을 하나로 잇는 촘촘한 지선망이 생겨났다. 마차로나 다니던 거의 원시림 상태의 미 대륙은 이제 거대한 상품 시장이자 끝을 모르는 원료 공급지로 변했고, 이를 종횡무진 누빌 거대 산업가들이 등장했다. 대규모 산업가들은 미국 사회 전체 시장을 먹기 위해 인정사정없는 전쟁에 돌입했고, 그로부터 얼마 지나지 않아 철강과 석유 등 거의 모든 산업을 아우르는 대자본가, 즉 '업계 우두머리들captains of industry'이 출몰했다.

엄청난 규모의 돈을 축적한 후 이를 기반으로 산업 전체를 지배하고 마음대로 재편하는 '날강도 귀족들robber barons'은 록펠러John D. Rockefeller 나 모건 John Pierpont Morgan 과 같은 금융 거물들이었다. 개인의 것이라고는 생각조차 하지 못할 어마어마한 액수의 돈을 축적함으로써, 자본주의의 역사가 더 오래된 영국과 유럽에서조차 로스차일드 가문Rothschild Family 정도를 제외하고는 감히 이들 '날강도 귀족들'에 필적할 만한 자본가를 찾아볼 수 없었다.

고대 아테네의 민주정이 확립되기 직전에 출현했던 '참주tyrannos'라는 독특한 인간 유형이 있다. 이들은 왕도 아니며 귀족도 아니지만, 민중들의 열망을 한 몸에 안고 '잘못된 세상을 바로잡는다'는 명분하에 전통과 법률을 무시한 채 마음대로 나라를 통치한 독재자들의 원형이었다. 혹자는 이들을 "인류 역사상 최초로 출현한 개인들"이라 부르기도 했다. 이 '날강도 귀족들'은 그야말로 아테네 참주들에 맞먹는 진정한 미국적 개인, 즉 '탐욕적 개인'의 이상이 처음으로 형체화된 것이었다.

밴더빌트Cornelius Vanderbilt 에서 카네기Andrew Carnegie 를 거쳐 록펠러, 모건 등에 이르기까지, 돈과 성공 앞에서 법이나 도덕 및 양심 따위에 구애받았던 사람은 아무도 없었다. 그리고 이러한 사실을 모르는 미국인들도 없었다. 물론 이들을 미화하는 것을 직업으로 삼은 전기 작가들이나 이들에게 고용된 학자들은 이를 전혀 모르는 척했다 이들의 엄청난 재산은 바로 그들이 이룩한 엄청난 성공을 측량하는 척도였으며, 이는 어떤 의미에서건 개개인의 엄청난 '능력' 이는 뛰어난 사업 예측 능력부터 인디언들을 알코

엄청난 규모의 돈을 축적한 후 이를 기반으로 산업 전체를 지배하는
'날강도 귀족들'은 록펠러나 모건과 같은 금융 거물들이었다.
개인의 것이라고는 생각조차 하지 못할 어마어마한 액수의 돈을 축적함으로써,
자본주의의 역사가 더 오래된 영국과 유럽에서조차 로스차일드 가문 정도를
제외하고는 '날강도 귀족들'에 필적할 만한 자본가를 찾아볼 수 없었다.

올 중독자로 만들어 땅을 빼앗아버리는 능력까지 아주 다양했다 의 결과라는 점에 대해서 미국인이라면 어느 누구도 의심하지 않았다. 그래서 이들의 예외 없는 부도덕함과 잔인 무도함에도 불구하고, 엄청난 성취 하나만으로도 이들은 어느 정도 '도덕을 넘어선amoral' 존재로 여겨졌다. 르네상스 이래 맨더빌 박사와 애덤 스미스를 거쳐 오래도록 발전해 온 '탐욕적 개인'이라는 이상형은 마침내 19세기 말 미국 대륙에서 완벽하게 현신現身하게 되었다.

신자유주의적 금융 자본주의의 도래

'돈에 대한 숭배' 혹은 '탐욕적 개인의 이상화'만으로 미국 문명을 규정 짓는 것은 지나친 단순화이다. 이 '날강도 귀족들'은 근로 대중들의 거센 반감과 저항을 불러일으키기도 했으며, 이미 19세기 말부터 일었던 이른바 '서민주의populism'의 물결을 낳기도 했다. 이로써 대자본가에 대한 반감과 일하는 서민 대중들에 대한 상찬賞贊, 연대감은 미국 문명의 또 다른 중요한 구성 요소를 이루게 된다.

이 흐름은 이후 1930년대 대공황기 프랭클린 루즈벨트Franklin Roosevelt 대통령이라는 걸출한 지도자를 통해 '뉴딜'이라는 이름으로 향후 몇십 년간 미국의 정치·경제 및 사회를 지배하기도 한다. 이 기간만큼은 앞서 말한 날강도 귀족들과 같은 '탐욕적 개인들'이 터무니없는 스케일로 마음껏 활개 치면서 떼돈을 긁어모으는 데 상당한 제동이 걸린다.

그럼에도 불구하고 20세기 이후 미국인들의 의식 속에 가장 중요한 '만물의 척도'로 자리 잡은 것이 바로 돈이요, 사회 전체적 가치관이 "능력 있는 개인들로 하여금 맘껏 욕망을 펼쳐 내도록 하라"는 것을 중심축으로 삼게 되었음은 분명해 보인다. 즉, 탐욕적 개인에 대한 적극적인 긍정과 나아가 상찬까지가 미국 문화의 중요한 특징이 되었으며, 이 점에 있어서 지구상 그 어떤 나라의 문화도 미국 문화를 넘보지 못하고 있었다.

그리고 1970년대 말, 약 40년간 '탐욕적 개인들'을 억눌러 왔던 뉴딜 형태의 국가는 쇠퇴하고 시장의 자유와 기업 활동의 자유에 대한 요구를 전면에 내건 이른바 신자유주의의 시대가 도래한다. 1929년까지 미국 전역을 휘젓다가 관 속으로 잠시 들어가야 했던 탐욕적 개인들이 다시 활보하는 시대가 개화했다. 그 최초의 증후가 월가의 엄청난 팽창이었다. 중소규모의 기업이라면 모를까, 제너럴 모터스 같은 대기업 경영권을 주식 시장에서 사들인다는 것은 1960년대까지만 해도 어림없는 이야기였다. 하지만 이제 돈만 있으면 그 어떤 기업의 경영권이라도 장악할 수 있었다.

탐욕적 개인들은 상상을 초월하는 금융 기법과 술수를 동원하여, 수만 명의 노동자를 거느린 거대 기업을 마음대로 주무르는 일을 밥 먹듯 하게 되었다. 당시 이 탐욕적 개인들을 대표할 전설적인 투자가 게코 Gekko 올리버 스톤 감독의 영화 〈월 스트리트〉를 보라 의 말대로, 새 시대의 윤리는 "탐욕은 곧 선이다 Greed is good"였다. 이는 지난 몇십 년간 지구 전체의 삶을 장악하게 된 신자유주의적 금융 자본주의의 신호탄이었다.

탐욕과 공포의 균형

1980년대 중반 이후 출현하게 된 미국의 금융 자본주의는 '자유방임',

즉 모든 이들을 하고 싶은 대로 하도록 내버려 두어 자생적으로 생겨난 질서가 결코 아님을 기억해야 한다. 20세기 미국은 19세기 중반의 무법 천지가 아니었으며, 미 대륙 나아가 공산권까지 아우를 전 지구적 정치경제 체제로 하나의 질서를 창조해야 할 중차대한 임무를 갖고 있었다. 따라서 제아무리 탐욕적 개인들에게 자유를 준다 한들, 이들로 하여금 '클린트 이스트우드'나 '존 웨인'처럼 함부로 총을 갈겨 대며 돌아다니게 놔둘 수는 없었다. 일정한 '통치governance'의 틀과 그에 합당한 논리가 필요했다.

금융 자본주의의 전성시대였던 1990년대와 2000년대 미국 연방준비위원회 의장을 맡았던 앨런 그린스펀Alan Greenspan의 말로 유명해진 "공포와 탐욕의 균형"이 그 기본적인 철학을 제공했다. 인간에게 가장 강력한 두 개의 동기는 '대박'에 대한 탐욕과 '쪽박'에 대한 공포라 할 수 있는데, 자본 및 금융 시장에서 활동하는 투자자들이야말로 이 두 가지 동기 모두를 가지고 있을 뿐만 아니라 보통 사람들보다 그러한 동기가 강한 이들이었다. 이들은 탐욕 때문에 더 높은 수익률을 쫓았지만, 투자에 따르는 위험에 대한 공포로 이를 자제하려는 강력한 동기도 갖고 있었다. 상반되는 두 가지 힘이 한 사람에게 작용한 결과는 다름 아닌 합리성이다. 투자자들은 더 많은 이득을 취하려는 한편, 위험은 어떻게든 피하려 하기 때문에 얻을 수 있는 모든 정보와 동원할 수 있는 모든 방법을 취해 투자를 결정하게 된다. 결국 '공포와 탐욕의 균형'으로 움직이는 이 투자자들이야말로 인간 세상의 가장 합리적인 존재로 여겨졌다.

자본 및 금융 시장은 합리적인 투자자들이 무수히 달려들어 달러 투표의 방법으로 서로의 의견을 교환하고 합의를 이루는 곳이다. 따라서 이들 '집단 지성'으로 결정되는 온갖 자산가격은 인간사회에서 나올 수 있는 가장 합리적인 판단이 될 수밖에 없으며, 일시적인 조정기를 예외로 친다면 장기적으로 그 어떤 '거품' 따위도 있을 수 없다. 이때 최상의 '통치 제도' 원리는 다음과 같다. 투자자들이 가장 날 선 합리성을 동원할 수 있는 순간은 그들이 오로지 '탐욕과 공포'만으로 움직일 수 있을 때이며, 그렇게만 된다면 자본 및 금융 시장은 항상 가장 올바르고 적정한 판단을 내리게 될 것이다. 경제, 나아가 국가와 사회 조직 또한 이러한 자본 및 금융 시장을 준거점으로 삼는 게 가장 좋은 방법이 될 것이다.

　'합리성'이 제대로 작동하기 위해서는 투자자들과 자본 및 금융 시장이 오로지 두 가지 동기의 균형만으로 움직일 수 있어야 하는데, 그를 방해하는 일체의 거추장스러운 규제라든지 제도 따위는 모두 철폐되어야 바람직하다. 물론 이러한 합리성이 작동하기 위해 지켜져야 할 규칙 또한 존재한다. 정보의 투명성이라든가 내부자 거래 금지와 같은 최소한의 원칙들 말이다. 이렇게 반드시 준수되어야 할 규칙 몇 가지만을 명시적으로 열거하고 나머지는 뭐든 일률적으로 하고픈 대로 하도록 만드는 시스템이 바로 이 시대 이상적인 질서로 여겨졌던 통치 제도였다.

　이러한 제도 변화는 미국 경제와 사회 전체에 큰 변화를 가져왔다. 평등주의와 사회적 연대가 저변화되어 있던 기존 미국의 자본주의 체제는 빈부 격차를 막고 자본 또는 금융 자본의 지나친 사회적 전횡을 견제하며

투자자들은 더 많은 이득을 취하려는 한편,
위험은 어떻게든 피하려 하기 때문에 얻을 수 있는
모든 정보와 동원할 수 있는 모든 방법을 취해 투자를 결정하게 된다.
공포와 탐욕의 균형으로 움직이는 이 투자자들이야말로
인간 세상의 가장 합리적인 존재로 여겨졌다.

노동을 통한 소득 증대를 장려하는 성격을 띠고 있었다. 하지만 이제 그 반대의 경향이 지배적인 위치를 점하게 되었다. 능력 있는 탐욕적 개인은 무한정 부를 불릴 수 있게 된 반면, 열심히 일하는 근로계층의 실질소득은 정체되거나 오히려 줄어들기까지 하면서 사회적 양극화가 날이 갈수록 심화되었다.

그뿐만이 아니었다. 방금 설명한 것과 같은 통치 시스템의 원리로 자본주의 체제와 금융 시스템의 안정성을 유지하기 위한 최소한의 규제마저도 사라지게 되었다. 2008년에 폭탄처럼 터져버린 '서브프라임'이라는 금융 상품이 생겨난 것도 그 때문이었다. 이렇듯 탐욕적 개인이 규범이 되어 버린 미국은 갈수록 빈부 격차가 심화되고 정치경제 시스템의 불안정서가 증폭되는 사회로 변질되어 갔다.

부자의 나라,
미국

크레디트스위스은행의 〈세계 부 보고서 Global Wealth Report〉에 따르면, 2010년 전 세계에서 백만 달러 이상의 자산을 가진 사람은 2,970만 명이었다. 이는 세계 인구의 0.5퍼센트에 해당하는 수치였는데, 이들이 가진 부의 총액 89조 달러는 세계 전체 부의 38.5퍼센트를 차지했다. 자산이 100만 달러 이상인 부자들 중에서도 주거하는 부동산을 제외하고 5,000만 달러570억 원 이상의 자산을 보유한 부자는 '초슈퍼 부자', 3,000만 달러340억 원 이상의 사산을 가진 부자는 '슈퍼 부자'라고 하면, 이들 0.5퍼센트 부자들 가운데 '초슈퍼 부자'는 8만 4,700명이었다. 이 중 미국인은 3만 5,400명으로 가장 많았는데, 42퍼센트라는 높은 통계수치가 이를 검증해 준다.

미국에서 '슈퍼 부자'와 '초슈퍼 부자'의 라이프 스타일에 사회적 이목이 집중된 것은, 2011년 월가 시위 당시 금융 엘리트의 비도덕성이 도마 위에 올라 일반인의 상상을 초월하는 그들의 자산 규모가 만천하에 드러나면서부터였다. 물론 미국의 부자 서열 3위이면서 자신의 재산 절반을 기부하는 등 부자 기부 운동에 앞장섰던 버크셔 해서웨이 그룹 회장 워렌 버핏Warren Buffett은 지금까지도 10년 된 중고차를 자가 운전하고 동네 이발소에서 머리를 깎으며 값싼 스테이크와 햄버거를 즐기는 등 서민과 별반 다르지 않은 라이프 스타일을 고수하는 것으로 잘 알려져 있다. 그가 사는 집도 50년 전 3,000만 달러에 구입한 것이라 한다. 워렌 버핏처럼 미국 실리콘 밸리의 성공한 20, 30대 젊은 부자들 중 일부는 소형 아파트에 살면서 자전거로 출퇴근하는 소박한 삶을 영위한다. 그러나 이는 극히 예외적인 경우이며, 미국의 대부분 부자들은 마치 구두를 사고 가방을 사듯 5,000만 달러의 개인 전용 비행기와 700만 달러를 호가하는 초호화 요트 그리고 650만 달러의 헬리콥터를 사들였다.

〈뉴욕타임즈〉 기자 케빈 루스Kevin Roose는 '억만장자로 살아보기'란 일일 체험을 통해 부자의 삶이 평범한 미국인과 완전히 딴판임을 실증적으로 보여 주었다. 그가 체험한 '억만장자'의 하루는 5,000만 원짜리 손목시계를 차고 개인 기사가 딸린 3억 8,000만 원짜리 롤스로이스를 탄 후 뉴욕 중심가의 회원 전용 클럽에서 아침식사를 하는 것으로 시작된다. 그가 아침식사를 했던 클럽은 가입비 5,300만 원에 연회비 1,600만 원을 별도로 지불해야 출입 가능한데, 식사 후 뉴저지 비행장으로 향한 그가 또다시 최고급 개인 전용 비행기를 타고 도착한 곳은 조지아주의 시아일랜드였다. 비행기에서 내린 그는 벤츠로 갈아타고 몇백만 달러가 넘는 빌라의 리조트에서 골프를 즐겼다. 그로부터 세 시간 후 뉴욕으로 돌아온 그는 전직 경찰 출신의 개인 보디가드와 함께 피트니스 센터에서 두 명의 트레이너와 운동을 했다. 이로써 그가 체험한 '억만장자'의 삶은 늘 시중드는 사람들에게 둘러싸인, 일반인이 평생 알고 들었던 삶과 완연히 다른 삶이었다.

물론 미국의 부자들 중에서 자수성가한 이들도 심심찮게 찾아볼 수 있다. 30년 전 미국으로 건너가 이민자의 밑바닥 삶을 전전한 끝에 미국의 400대 부자 순위에 들게 된 어느 재미교포 부부, 페이스북 본사에 벽화를 그려 준 대가로 현금이 아닌 주식을 선택한 덕분에 벼락부자가 된 어느 화가 등은 미국이 선사하는 '부의 행운'을 거머쥔 이들이었다.

자산 규모 6,500억 원의 보험회사 CEO인 스티븐 마리아노 역시, 태어날 때부터 부자는 아니었으나 지금은 부자의 전형적 삶을 살고 있다. 그가 엄청난 자산가가 될 수 있었던 데에는, 모기지론 채무자들의 디폴트_{지불불능 사태}에 대비하기 위해 금융기관에서 가입한 보험이 다시 차용증으로 판매되는 과정에서 기하급수적으로 보험회사의 자산을 불려 준 미국 금융구조의 역할이 크다. 물론 마리아노는 그러한 금융 구조의 부도덕성과 연관되지 않았으며, 그저 선선한 사업가의 일상을 살아갈 뿐이었다. 마리아노는 자신의 부에 대해 스스로 삶을 개척한 결과이자 약간의 행운이 더해진 결과라고 말한다.

마리아노의 하루는 어떠할까. 그는 120억 원의 자택에서 운동을 하는 것으로 하루를 시작한다. 그는 아침 운동의 파트너인 개인 트레이너에게

"돈이 있어서 좋은 점을 생각해 본다면,
돈은 사람을 당당하고 독립적으로 만들어 줍니다.
더욱 자유롭게 만들어 주죠."

누가 뭐라 해도 마리아노 삶의 풍족함은
돈이 만들어 준 것임에 틀림없다.

10년 동안 20억 원 정도를 지급했다. 그는 병원을 가지 않고 전문의를 집으로 불러들여 진료를 받는데, 1회 상담 비용 100만 원을 지불하면 전문의가 자택을 방문한다. 그가 출근을 위해 일곱 대의 승용차 중 골라 탄 차는 2억 3,000만 원짜리였다. 또 한 달에 두세 번은 개인 전용 비행기를 이용해서 미국 전 지역으로 출장을 다닌다. 가벼운 사교를 위해 이용하는 야구장의 스카이박스 회원권은 1년에 1억 4,000만 원을 호가한다. 그가 1년에 한두 번 가는 가족 여행을 위해 장만한 요트는 4개의 침실이 있는 '바다 위 호텔'로, 시가는 165억 원에 달한다. 누가 뭐라 해도 마리아노 삶의 풍족함은 돈이 만들어 준 것임에 틀림없다.

돈의 힘

현대사회의 많은 사람들은 스티븐 마리아노와 같이 풍족하고 위풍당당한 삶을 살기 바라고, 돈이 그러한 삶을 가능하게 할 것이라 믿으며 돈을 선망한다. 이렇게 해서 심지어 돈은 사람들을 부리기도 한다. 이를테면, 돈은 학업에 완전히 흥미를 잃은 학생들을 학교로 불러들이는 유인책이 되기도 한다.

오하이오주 신시내티의 한 고등학교는 학생들의 수업 태도와 출결 사항을 기록한 후 그 결과에 따라 학생들에게 돈으로 보상해 주는 프로그램 "Learn, Earn & Save배우고 돈 벌고 저축하자"를 시행하고 있다. 학교 복도에 게시된 공지문에는 '9학년 : 일주일에 12달러2달러 저축, 10학년 : 일주일에 17달러2달러 저축, 11학년 : 일주일에 22달러4달러 저축, 12학년 : 일주일에 25달러

_{5달러 저축}'라는 구체적인 액수까지 명시되어 있다. 이 프로그램의 시행 후 학생들의 출석률은 15퍼센트 가량 높아졌고, 이로써 프로그램에 대한 학교 측의 확신은 강해졌다.

> "현금을 주는 게 학생들에게 동기부여가 되죠. 많은 학생들이 돈 때문에 학교에 나오거든요. 돈이 전부입니다. 돈이 세상을 움직이죠. 사람들은 그렇게 생각하지 않겠지만, 그것이 현실입니다." _{─레이먼 데이븐포트(교장)}
>
> "매일 출석하니까 매주 돈을 받아요." _{─학생 1}
>
> "지각하지 않아서 현금으로 18달러를 받았어요." _{─학생 2}

학교 측의 긍정적인 평가와 달리, 등교하는 학생들에게 교육 활동은 돈벌이 수단에 불과함을 알 수 있는 상반된 인터뷰이다. 이렇게 되면 행복한 삶을 위한 교육이란 인간의 잠재적 능력을 개발하는 활동이 아니라 돈에 대한 욕망을 성취하는 활동으로 변질되고 만다. 미국 사회에서 돈으로 보상되는 교육 활동은 돈이 갖는 위력을 적나라하게 드러낸다. 이는 미래를 위해 자신의 능력을 개발하는 것보다 당장의 돈이 더욱 절실한 이들이 갖는 생존에 대한 불안감을 반영하기도 한다. 돈 때문에 학교에 나오는 학생들의 생존에 대한 불안감은 생존을 보장해 주는 돈에 대한 욕망으로 대체되고, 보상금은 돈과 생존을 직결시키는 사고방식을 더욱 강화시킨다. 미국 사회에서 돈은 한편으로 노력의 결과이지만, 또 다른 한편으로는 생존을 위협하면서도 '굶주림을 면하는 수단'이 되었다.

굶주리는 미국인들

NPR ^{National Public Radio, 미국 공영 라디오 방송}은 2013년 끼니를 제때 먹지 못하는 미국인을 4,900만 명으로 추산했는데, 이는 미국 전체 인구 수의 15퍼센트를 상회하는 수치이다. 미국인 7명 중 1명은 빈곤 상태에 놓여 있는 셈이다. 미 연방정부는 이들의 빈곤을 해소하는 정책으로 일명 '푸드 스탬프'라는 연방 식품보조권을 발급하고 있다. 쉽게 말해 푸드 스탬프란 식품 저장소인 푸드 뱅크에서 식품을 무료로 가져갈 수 있는 일종의 식권이다. 푸드 스탬프의 수급 자격은 1인 가구 기준 1년 소득이 1만 4,000달러 미만, 4인 가족 기준 2만 9,000달러 미만으로 정해 두었는데, 푸드 뱅크로부터 식료품을 보조받는 사람들 중 40퍼센트가 직업을 가지고 있다. 이는 일을 하고 있음에도 식생활이 불안정한 '워킹 푸어'가 존재한다는 의미이다.

워킹 푸어는 금융 위기의 여파로 중산층에서 빈곤층으로 전락한 이들을 상당수 포함한다. 미국 금융의 중심지 뉴욕에서도 맨해튼을 제외하고는 5명 중 1명 정도가 푸드 스탬프에 의존한다. 이외에 식비를 줄이기 위해 유통기한에 가깝거나 이미 지난 식료품을 값싸게 내놓는 '구제식품 저장소'를 이용하는 사람들도 점차 늘어나고 있는 추세이다.

유통기한이 지난 음식이 식탁에 오르는 일은 미국에서 이상하거나 잘못된 일이 아니다. 슈퍼마켓의 절반 이상이 팔다 남은 음식을 푸드 뱅크에 기부하거나 구제식품 저장소에 넘기고 있는데, 이 음식의 40퍼센트가 유통기한에 가깝거나 이미 지난 것들이다. 심지어 미국 식품의약국^{FDA}에서는 유통기한이 지난 음식 판매를 공식적으로 허가했을 정도이다. 미 연방정부는 유통기한이 식품의 최적 상태를 가리킬 뿐이라 말하곤, 식품공학 전문가의 입을 빌어 "표기된 판매일 혹은 조리일이 지나도 식품은 안전할 수 있으며 적절하게 조리되어 저장 가능하다"며 유통기한이 지난 식품의 유통을 공식적으로 인정했다.

200개 푸드 뱅크 네트워크인 '피딩 아메리카_Feeding America_'의 조사에 따르면, 2011년 미국 전역에서 구제식품에 대한 수요는 전년도에 비해 40퍼센트 이상 증가했다. 위스콘신주 구제식품 저장소인 '컨트리 할인 식료품점_Country Discount Grocery_'에서 판매되는 식품의 50퍼센트 이상은 유통기한이 지난 것들이고 10~15퍼센트는 지나기 직전의 것들로, 정가의 50퍼센트 이상 할인된 가격에 팔리고 있다. 6년 전부터 구제식품 저장소를 운영해온 컨트리 할인 식료품점 대표 파티시아 쿨렌은 "경기가 호전되어도 고객이 줄지 않을 것"이라 장담한다. "고객들이 일반 슈퍼마켓의 할인되지 않은 가격을 더 이상 감당하지 못할 것이기 때문"이다.

뉴욕에서도 빈곤층은 2008년 이후 18.7퍼센트에서 20.1퍼센트로 급증했다. 또 생명 유지에 필요한 최소한의 음식만 먹고 사는 '프리건_freegan_'이라는 커뮤니티도 등장했다. 프리건은 새벽 1~2시경, 쓰레기 수거 차량이 실어 갈 음식물 쓰레기를 뒤져 먹을 것을 구하는 '기이한 라이프 스타일'을 지닌 사람들을 가리킨다. 프리건들은 "유통기한은 소비 시스템을 유지하기 위한 방법이며, 식료품 가게들이 엄청난 양의 제품들을 계속 팔기 위한 방법일 뿐"이라며, 버려진 음식물을 골라 먹는 것은 건강과 위생

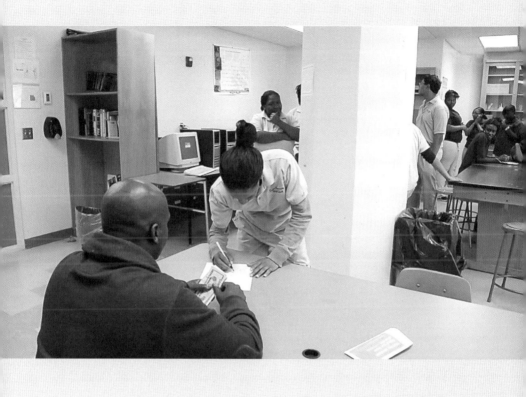

미국 사회에서 돈은 한편으로 노력의 결과이지만, 또 다른
한편으로는 생존을 위협하면서도 **굶주림을 면하는 수단**이
되었다. 워킹 푸어는 금융 위기의 여파로 중산층에서
빈곤층으로 전락한 이들을 상당수 포함한다.

에 아무런 문제가 없다고 강변한다._{아이들이야말로 메트로폴리탄의 '탁발승'이 아닐까 싶다}

푸드 스탬프에 의존하는 사람들을 인종별로 살펴보면 백인이 약 3분의 1, 흑인이 약 4분의 1, 히스패닉이 약 5분의 1을 각각 차지한다. 백인이 가장 많은 수를 차지하지만, 인종별 인구수로 살피면 흑인이 가장 높은 비율을 보인다. 미국에서 흑인의 90퍼센트는 20세가 되기도 전에 빈민층에게 생계비를 보조하는 미 연방정부의 빈민 지원 프로그램인 '영양 보충 지원 프로그램_{Supplement Nutrition Assistance Program, SNAP}'에 등록할 정도여서, 미국 사회에서 인종은 여전히 계층의 상관변수로 작용함을 알 수 있다.

굶주리는 아동의 상황은 더욱 심각하다. '피딩 아메리카'의 보고에 따르면, 미국에서 1,700만 명의 아이들이 음식을 적절히 공급받지 못하고 있다. 5명 중 1명의 아이는 굶고 있다는 통계로, 굶는 아이들은 2000년 이후 20퍼센트 이상 증가했다. 그래서 미국의 자선 단체들은 학교 점심을 보조하거나 전국적으로 무료 음식을 지원하는 등 아이들을 위한 음식 지원 프로그램을 별도로 운영하고 있다. 현재 미국 아동의 49퍼센트는 이런 음식 보조 프로그램의 지원을 받는 가정에서 자란다. 특히 텍사스의 멕시코 국경 부근 소도시에서 아동의 반수 이상은 음식이 부족한 가정환경에 처해 있다.

미국 최고의 휴양도시라 불리는 플로리다주 아이들도 예외는 아니다. 매주 금요일 초등학교의 스쿨버스 승차장에서 학교에 나오지 않는 주말 동안 아이들이 굶지 않도록 자선 단체 봉사자들이 음식을 나눠 주는 모습은 이미 낯익은 풍경이 되었다. "아이들이 바로 지금 집에서 굶고 있다_{Kids}

are hungry right here at home"는 문구가 새겨진 티셔츠를 입은 봉사자가 '유에스 헝거 US Hunger' 프로그램으로 활동 중이다. '유에스 헝거'는 '피딩 칠드런 에브리웨어 Feeding Children Everywhere'라는 단체가 2012년부터 추진한 프로그램으로, 빈곤 가정이 붕괴되지 않도록 온 가족이 함께 식사할 수 있게 가정에 직접 음식을 전달하고 있다.

플로리다 192번 도로변의 모텔촌은 여행자들의 숙소에서 집 없는 사람들의 장기 임대 거주지로 탈바꿈했고, 이곳에서만도 2천여 명의 아이들이 살고 있다. 매주 목요일이면 무료로 식품을 나눠 주는 자선 단체의 트럭이 이들 모텔촌을 방문하는 것을 목격할 수 있다. 트럭에서 나눠 주는 식품은 유통기한에 가깝거나 지난 것들이지만, 모텔촌 사람들은 이것조차 없으면 굶을 판이니 감지덕지다. 그래서 목요일마다 이곳 모텔촌 거리는 식품을 실은 트럭을 기다리는 사람들로 북적댄다.

플로리다에서 200여 개가 넘는 푸드 뱅크를 운영하는 알 브리스라이언은 푸드 뱅크의 이용자가 경기 침체 이후 60퍼센트 이상 늘었다고 말한다. 알 브리스라이언이 운영하는 '해리 차핀 푸드 뱅크 Harry Chapin Food Bank'에서는 푸드 스탬프가 없어도 기본적인 음식과 신선한 고기와 야채를 받아 갈 수 있도록 한다. 이는 푸드 스탬프를 받을 자격은 없지만, 음식을 충분히 섭취할 만큼의 경제력을 갖추지 못한 사람들을 위한 조치이다.

"저희가 오늘 아이들에게 나눠 줄 음식입니다.
100명 정도 아이들에게 나눠 줄 건데,
그들은 플로리다 192번 도로변 모텔에
사는 학생들입니다. 참 놀라운 현실이죠."

−조지 모란(자원봉사자)

빈곤은 평범했던 한 가족에게 **예상치 못한 슬픔과
예전 생활로 돌아갈 수 없다는 두려움**을 안겨 주었다.

집 없는 미국인들

플로리다 모텔촌에서 5년째 살고 있는 페이건 씨네 4인 가족의 한 달 수입은 디즈니월드에서 일하는 아내의 월급 130여만 원이 전부이다. 그 중 모텔 숙박료로 80만 원을 제하고 나면, 나머지 돈으로는 기본 식비조차 충당하기 어렵다. 그래서 열두 살인 첫째 아이 크리스토퍼는 매일매일 배가 고프다. 둘째 아이 세라는 횡격막 탈장이라는 병을 가지고 태어났는데, 수술 후에도 장 기능이 좋지 않아 영양분 대부분을 튜브를 통해 공급받는다. 월세집이라도 얻으려면 몇 달치 보증금이 있어야 하지만, 130여만 원의 월급으로는 꿈조차 꿀 수 없다.

피딩 아메리카에 따르면, 굶는 아이들이 학교에 나오는 이유는 단지 밥을 먹기 위해서라고 한다. 라스베이거스 클라크 카운티^{Clark County}의 한 소도시에서 집 없는 아이들은 1,600여 명으로 집계되는데, 이 아이들의 걱정거리에 학교 성적이란 포함되지 않는다. 집 없는 아이들은 미래를 꿈꿀 수 없을 만큼 하루하루 생존을 위협받기 때문이다. 아이들은 '오늘 밤은 어디에서 잘 것인가'라는 불안감에 시달리며, 대부분 우울증을 겪고 있다고 한다.

그들 모두가 처음부터 집 없는 아이들은 아니었다. 플로리나의 모델촌에 사는 또 다른 가족 멘디 프랭크 가족은 아내가 직장을 잃기 전까지 미국 사회의 '전형적인 중산층'이었다. 하지만 아내가 직장을 잃자마자 생활의 모든 기반이 무너졌다. 미국 사회에서 '실업'은 곧 빈곤층으로의 추락을 의미하기 때문이다. 멘디의 둘째 딸은 집을 잃은 충격으로 실어증을 앓고 있다. 빈곤은 평범했던 한 가족에게 예상치 못한 슬픔과 예전 생활로 돌아갈 수 없다는 두려움을 안겨 주었다.

미국 부동산 시장의 붕괴는 이처럼 수백만의 사람들을 집 밖으로 내몰았다. 플로리다는 건축 산업의 몰락으로 경제적 타격이 심각했던 지역 중한 곳이다. 플로리다 중부의 실업률은 매우 심각하여 세미놀 카운티Seminol County에 국한시켜도 집 없는 아이들은 1,100여 명에 달한다. 홈리스 쉼터는 이미 포화 상태에 이르렀고, 홈리스 가족의 3분의 2는 쉼터에도 들어갈 수 없어 자동차 혹은 거리에서 숙식을 해결하곤 한다. 이처럼 자동차와 거리에서 떠도는 아동은 미국 전역을 통틀어 약 90만 명으로 추산되고 있다.

샌디에이고에 위치한 비영리 학교 모나크 스쿨Monarch School의 전교생은 홈리스 쉼터에서 생활하거나 싸구려 모텔에서 여러 가족들과 방 하나를 빌려 함께 살고 있다. 비영리로 운영되어 수업료를 받지 않는 이 학교의 학생 수는 지난 2011년 1년 사이 약 100명에서 170여 명으로 급증했다. '화려한 꿈의 도시'라 불리는 라스베이거스는 미국에서 압수당하는 주택이 가장 많은 도시로, 평균 9가구 중 1가구꼴로 압류 통보를 받았다. 직업을 잃고 주택담보대출을 갚지 못해 집을 압수당하는 순간, 평범한 중산층은 바로 홈리스로 전락한다.

한편, 라스베이거스의 도시 전역으로 뻗어 있는 빗물 배수로는 집을 잃은 사람들의 거처로 이용되고 있다. 400마일 배수로에는 대략 300~400명의 사람들이 생활하고 있다. 하룻밤에 16만 달러가 공중분해되는 지상 아래 무일푼 지하 생활자가 더불어 살고 있다. 1년 전부터 이곳 빗물 배수로에 살고 있는 릭과 신시아는 어둡고 답답한 배수로 한쪽을 집처럼 꾸며놓고 구석에는 간이 주방까지 갖춰 두었다. 배수로에 햇빛이 들지 않아 손전등은 지하 생활자에게 없어서는 안 될 필수품이 되었는데, 릭과 신시아는 어두운 배수로 한편에서 가스불로 데운 물에 코코아를 타 먹는 것으로 아침식사를 대신한다.

신시아의 '이웃'인 존 몬로는 암에 걸린 뒤 가산을 탕진하고 이곳으로 왔다. 14년간 대기업에서 일했던 존 몬로는 6년 전 실직하면서 직장에서 대주던 의료보험 혜택을 받을 수 없게 되었다. 미국에서 의료보험에 들지 않은 인구수는 5,100만 명으로 추산된다. 1인당 한 달에 최소 300달러가 넘는 의료보험료를 감당할 수 없는 사람들이 암과 같은 중병에 걸리게 되면 자신이 가진 모든 재산을 병원비로 지불해야 한다. 미국인 6명 중 1명은 의료보험이 없고, 의료비로 파산에 이른 경우는 미국 개인 파산의 62퍼센트에 이른다. 존 몬로도 의료비로 파산한 사람들 중 하나이다. 그는 스스로 삶의 의지를 놓은 사람도, 인생의 낙오자도 결코 아니다.

시애틀의 어느 공원 주차장에서 만난 캐리 모녀는 자동차에서 산다. 캐리 모녀는 아침식사를 공원 캠핑장에서 해결한다. 캠핑장에서는 불을 피울 수 있어 뭐라도 만들어 먹을 수 있기 때문이다. 캐리의 전 직장인 콜센터가 다른 나라로 아웃소싱되면서 두 모녀는 집을 잃었다. 캐리의 딸 매기가 제대로 된 식사를 할 수 있는 곳은 학교가 유일하다. 특히 집 없는 아이들은 학교 급식이 아니고서는 신선한 과일이나 채소를 먹기 어렵다.

매기가 다니는 학교는 홈리스 아이들에게 점심뿐 아니라 아침식사도 제공한다. 이 학교에서 매기처럼 제대로 된 식사를 하지 못하는 아이들이 상당수에 이르기 때문이다. 매기를 비롯해서 집이 없어 제대로 먹지 못하는 아이들 상당수는 학업에 집중하지 못한다. 매기는 학교 급식 외에 다른 것에는 관심이 없다. 자동차에서 생활하는 아이들은 충분한 숙면을 취하지 못해 수면 시간이 부족할 뿐더러 생존에 대한 불안감으로 학업에 흥미를 잃어 학업 성적 또한 부진하다. 결국 가난은 교육 결핍으로까지 이어지는 빈곤의 악순환을 야기한다.

캐리 모녀가 식료품을 얻기 위해 찾은 곳은 어느 교회의 무료 급식소이다. 피딩 아메리카의 통계에 따르면, 5명 중 1명의 아이가 식품 저장소 Food Pantry, 쉼터, 무료 급식소 등지를 전전하며 긴급 음식 지원에 의존한다. 다닐로 가족도 캐리 모녀가 찾아온 급식소를 찾았다. 다닐로 가족은 2개월째 일자리를 찾아 미국 동부에서 서북부인 시애틀까지 거의 전국 일주를 하다시피 하고 있다. 다닐로 가족은 자동차에서 생활하는 다른 홈리스와 마찬가지로, 주유소 화장실에서 몸을 씻는다. 복지 시설에서 운영하는 홈리스를 위한 무료 샤워장을 찾기도 하지만, 그마저도 만원인 경우가 많아 이용하기 쉽지 않다. 그래도 다닐로는 일자리를 찾을 때까지 전국 일주를 멈출 수 없다.

시카고에서 만난 미스딘의 다섯 가족은 주택담보대출을 갚지 못해 집에서 쫓겨난 뒤 뿔뿔이 흩어졌다. 3주 만에 재회한 가족은 가재도구를 맡겨 두었던 이삿짐 보관 창고로 향한다. 2008년 미국 부동산 시장 몰락의

"소원이 있다면 터널을 벗어나 작더라도 우리만의 집을 갖는 거예요.
이곳은 사막이라 갑자기 홍수가 나는데, 그때는 재빨리 대피해야 해요.
… 원래 미치지 않은 사람이었다 하더라도 여기에서 살다보면 미칠 수
있거든요. 저는 미치고 싶지 않아요. 이 상황을 견뎌 내고
여기서 벗어나고 싶어요."

-신시아 굿윈

수백만의 사람들이 집을 잃고 거리로 내쫓겼지만,
집을 사라고 부추긴 은행도 그것을 수수방관한 정부도
뾰족한 대책을 내놓지 못하고 있다.

CHAPTER 1
아메리칸 드림의 그늘

반사이익 덕택에 집을 잃은 사람들의 짐을 보관해 주는 창고 사업이 성업 중임을 알 수 있는 대목이다. 보관 창고에 맡겨 둔 짐에서 미스딘 가족이 찾아낸 것은 딸 라일라의 자전거였다. 집을 잃은 라일라가 이 자전거를 타고 친구 집에 가고 싶어 했기 때문이다.

미스딘의 다섯 식구는 친척 집과 친구 집을 전전하며 흩어져 살고 있지만, 집을 잃기 전까지 그리 어려운 형편이 아니었다. 미스딘의 남편은 연봉 6,000만 원의 어엿한 직장인이었다. 그런데 은행에서 집을 사라고 부추겼고, 집을 구입하면서 과도한 빚을 지게 되었다. 그러나 부동산 시장이 붕괴한 후 곤두박질치는 주택 시세에 집을 팔아도 원금은커녕 이자도 갚을 수 없게 되었고, 수중의 돈이 거의 남지 않는 지경에까지 이르러 미스딘 가족은 집에서 쫓겨나고 말았다.

미스딘의 가장 큰 소망은 가족이 함께 모여 사는 것이다. 미스딘을 비롯한 수백만의 사람들이 집을 잃고 거리로 내쫓겼지만, 집을 사라고 부추긴 은행도 그것을 수수방관한 정부도 뾰족한 대책을 내놓지 못하고 있다.

최후의 선택 아로파

파산 도시의
행렬

      2013년 미국의 빈곤률은 34개 OECD 국가 중 4위에 이른다. 미 인구조사통계국^{US Census Bureau}에 따르면, 2011년 국가 빈곤수치는 15.1퍼센트로 1993년 이후 가장 높은 수치를 나타냈다. 그러나 매해 상승하는 빈곤수치보다 미국 사회를 더욱 위협하는 것은 멈출 줄 모르는 지방도시의 파산이다. 이미 2006년 이후 40개 소도시가 파산했으며, 월가를 중심으로 100개 안팎의 도시가 파산할 것이란 예측이 나돌고 있다.

      2011년 11월 미 연방법원에 파산을 신청한 앨라배마주 제퍼슨 카운티^{Jefferson County}는 미국 역사상 가장 큰 소도시의 파산이라는 불명예를 떠안았다. 수질오염을 경고하는 환경 단체의 압박에 못 이겨 노후한 하수구 파이프를 교체하는 사업을 벌이다 31억 달러의 빚을 껴안은 채 파산을 선고받은 것이다. 제퍼슨 카운티는 하수구 파이프를 교체하기 위해 빌린

도시 파산에 관한 전문가들은 경기가 호황일 때
**빚을 끌어다 마구잡이 투자에 나선 도시들이
파산으로 내몰리고 있는 것**이라 진단한다.

돈으로 상수도 처리장과 행정 빌딩을 건설하는 자금까지 충당하려 했고, 이 빚은 상하수도 시스템을 이용할 가정에 부과하는 세금으로 만회하려 했다. 그러나 시스템을 확장하여 지방세 납부자를 늘리기 위한 요량으로 식수원 하천 아래에 지으려던 터널 건설 계획마저 자금난으로 중단되고 말았다. 결국 2008년 금융 위기로 30억 달러 규모의 하수관 재융자 펀드가 폭락한 데다가 재정적 부정부패마저 겹쳐 제퍼슨 카운티 헌법회의 전 의장이자 버밍햄시의 전 시장이었던 래리 랭퍼드 Larry Langford가 15년형을 선고받은 것을 비롯하여 17명의 사람들이 수감되었고, 상하수도 시스템은 공사를 끝내지도 못한 채 파산을 맞았다.

제퍼슨 카운티의 비극은 여기서 그치지 않았다. 실질적인 피해는 고스란히 70만 명의 주민에게로 돌아갔다. 300~400달러, 심지어 1,000달러에 이르는 공공요금, 두세 배로 껑충 뛴 상하수도 요금에 주민들은 이동식 화장실을 이용하며 수도세를 절약해야 했다. 그나마 여유가 있는 사람들은 정화조를 집 건물에 별도로 설치하여 사용했다. 사정이 이렇다 보니 상하수도 요금을 내지 못하는 가정이 80퍼센트에 이르고, 지방정부는 요금을 내지 못한 가정의 수도 공급을 끊어 버렸다. 수도가 끊긴 주민은 병에 든 생수로 샤워하고 간이 화장실의 물을 마셨다. 차라리 그편이 수도 요금을 내는 것보다 비용이 덜 들기 때문이었다.

제퍼슨 카운티의 파산과 비슷한 시기, 펜실베이니아주의 해리스버그 Harrisburg는 소각로를 수리하는 데 도시의 1년 예산의 다섯 배가 넘는 비용을 투자했다 파산을 맞았다. 또 로드아일랜드주 센트럴폴스 Central Falls는 퇴직 공무원의 연금과 의료보험 채무로 8,000만 달러의 빚을 진 채 파산했다. 오하이오주 스톡턴Stockton은 부동산 시장이 호황을 누릴 때 새로운 야구장과 공연장을 마구잡이로 짓다가 부동산 붕괴와 함께 파산했다. 스톡턴은 한때 빌딩 숲과 활기찬 쇼핑 거리가 자랑거리였으나, 파산 후 불법 주차 차량이 거리 곳곳에 방치될 정도로 단속 경찰조차 전무한 도시가 되었다. 실업률이 20퍼센트에 이르고 범죄율은 치솟았으니, 마침내 스톡턴은 2011년 〈포브스〉가 선정한 '미국에서 가장 비참한 도시'가 되고 말았다.

2008년에 파산한 캘리포니아 바예호Vallejo의 현재 모습은 도시 자체의 몰락이 어떤 것인지 상상할 수고를 덜어 준다. 미국의 저널리스트이자 논픽션 작가인 마이클 루이스Michael Lewis는 《부메랑 : 새로운 몰락의 시작, 금융 위기와 부채의 복수》에서 바예호를 버려진 상점과 주택가, 망가진 교통 신호등과 잡초가 무성한 폐허의 도시 그 자체로 묘사했다.

도시 파산에 관한 전문가들은 "경기가 호황일 때 빚을 끌어다 마구잡이 투자에 나선 도시들이 파산으로 내몰리고 있는 것"이라 진단한다. 악성채무 관습 그리고 행정공무원과 금융기관 사이에 공공연히 오갔던 뇌물과 횡행했던 부정부패가 도시를 몰락하게 만들었다는 것이다. 마이클 루이스는 "도시 부채가 개인의 부채와 동시에 통제 불가능해진 것은 단순히 우연의 일치가 아니다. 어둠 속에서 산더미 같은 돈 앞에 홀로 앉은 미국인은 사회 꼭대기에서부터 바닥에 이르기까지 자신이 무엇을 하고 싶어 하는지 정확히 안다. 그들은 장기적인 결과는 생각하지 않고 최대한 많은 것을 움켜쥐도록 길들여져 있다"고 말한다. 도시의 몰락은 사회의 안위보다 개인의 성공에 급급한 미국인이 자초한 결과라는 얘기다. 그는 신경과학자 피터 와이브로우 Peter Whybrow 박사의 글을 인용하면서, "개개인 성공의 부산물이 미국 사회의 역기능으로 작용하고 있다"고 주장한다.

무엇이 문제인가

미국 사회에서 부의 양극화와 중산층의 몰락은 매우 드라마틱하다. 미국의 비영리 여론조사 기관인 퓨리서치 센터 Pew Research Center 의 2011년 조사에 따르면, 빈부 격차는 이민자 문제, 인종 문제, 세대 갈등 등을 제치고 미국 사회의 가장 큰 문제로 지목되었다. 또 미국인의 64퍼센트가 부의 불평등이 심화되고 있으며 2014년 1월 23일 조사 63퍼센트는 미국의 경제 시스템이 더 이상 안전하지 않다고 답했다. 2013년 9월 12일 조사 심지어 미국의 '초슈퍼 부자'들은 세금을 더 내게 해달라며, 일명 '버핏 법안'을 정부에 제안했다. '초슈퍼 부자'들은 이 법안의 목적이 가난한 사람들을 돕기 위함도, 재산의 사회 환원을 위함도 아니라고 말한다. 미국의 불황이 지속되다가는 '초슈퍼 부자'인 자신들마저 위험해질 수 있다는 위기의식의 발로라는 것이다.

미국 사회는 부의 불평등이 핵심적인 문제로 부상한 가운데 그 해결책을 누구도 제시하지 못한 상황에서 부의 양극화라는 미궁 속으로 빠져들었다. 그러나 개인의 원자화와 사회적 안전망의 부재가 그 원인의 하나로 지적되는 데에는 그 누구도 이의를 제기하기 어려울 것이다. 일찍이 산업

생태학자인 하딘 팁스 Hardin Tibbs 는 인류가 점점 환원주의 reductionism 의 사고 방식에 지배되어 간다고 말한 바 있다. 사물을 각 요소로 환원하는 사고 방식은 개인을 사회와 유기적으로 연결하기보다, 스스로 가치를 생산해 내고 책임지는 고립된 원자로 규정한다.

개체화된 인간은 1719년에 출간된 대니얼 디포 Daniel Defoe 의 소설 《로빈슨 크루소 Robinson Crusoe》에서 신화화되어 등장한 바 있다. 영국의 사회평론 가였던 대니얼 디포는 남태평양 페르난데스섬에 홀로 표류했던 어느 스코틀랜드 선원의 실제 이야기를 바탕으로 로빈슨 크루소라는 가상의 인물을 창조했다. 그의 소설 속에서 로빈슨 크루소는 27년간 카리브해 인근 무인도에 머물며 인디오 소년과 함께 자신만의 '사회'를 구축했다. 《로빈슨 크루소》는 출간되자마자 영국을 비롯한 유럽 사회에서 엄청난 반향을 불러일으키며 근대 서구 문명의 개체주의적 인간론의 시대적 공명을 이끌어 냈다. '사회로부터 독립적이며 스스로의 생존을 책임지는 개인'의 등장은 사회가 개인의 출발점이 아니라 개인이 사회의 출발점이라는 관점을 정립시키며, 개인과 사회의 관계를 역전시켰다.

기실 사회를 벗어난 개인이란 존재할 수 없다. 로빈슨 크루소가 무인도에서 살아남을 수 있었던 건 표류하기 이전에 이미 사회에서 배우고 익힌 것들을 생존 방식으로 활용했기 때문이며, 난파선에서 생활도구와 식료품을 구할 수 있었기 때문이다. 나아가 로빈슨 크루소를 '주인'으로 부르는 인디오 소년은 서구와 비서구의 인종적 서열관계를 표상한다. 로빈슨 크루소와 인디오 소년은 근세 유럽의 제국주의적 사회상을 그대로 이

사회로부터 독립적이며 스스로의 생존을 책임지는 개인의 등장은
사회가 개인의 출발점이 아니라 **개인이 사회의 출발점**이라는
관점을 정립시키며, 개인과 사회의 관계를 역전시켰다.

입한 관계 형식을 취했다. 그러므로 개인과 사회의 역전된 관점은 개인이 홀로 살아갈 수 있음을 보여 주는 것이 아니라, 사회의 구성 단위로서 인간의 자기 완결성을 표방한다. 그리고 이것은 시장 경제 시스템에서 개체화되어야 하는 인간의 조건이다. 시장 경제에서 화폐는 누구에게나 동등한 가치를 지니며 모든 인간관계에 자신의 논리를 적용하여 모든 인간관계를 분절시킨다.

이때 개인의 행복은 사회의 발전보다 우선한다. 왜냐하면 화폐에 의해 모든 관계가 분절된 개인의 행복은 오직 자신에게 달려 있기 때문이다. 그리고 이 행복은 물질적 이익 추구로 치환된다. 사실상 시장 경제 시스템에서 물질적인 것 외에 개인의 행복을 측정할 도구는 없다. 그래서 우리는 개인과 사회의 역전된 관점을 수용하기 위해 개인의 이익 추구가 사회의 발전을 이끌어 낼 수 있는지 그 여부를 검토해야 한다.

애덤 스미스 Adam Smith 는 '보이지 않는 손'이 개인의 이익 추구와 사회의 발전 모두를 조화롭게 관장한다고 말했다. 그는 개인의 이익 추구가 이기심에서 비롯되었지만 결과적으로 사회 발전의 원동력으로 작용하며, 시장 경제 시스템이 그것을 가능하게 한다고 주장했다. 즉, 그의 '보이지 않는 손'은 시장 경제에서 작동되는 신의 섭리이다.

시장 경제에서 화폐는 모든 인간의 행위를 아우르며 전 세계 어떤 재화도 손 안에 쥘 수 있게 해준다. 세계 규모의 시장 경제는 엄청난 부를 창출해 왔고, 창출된 부는 사적으로 축적되어 왔다. 애덤 스미스의 논리에 따르면, 개인이 더 많은 부를 축적하려 하면 할수록 더 많은 부가 창출된다. 시장 경제의 가장 큰 미덕은 한 가지 형태의 물질적 가치의 유동성을 허용한다는 데 있으니, 그것이 바로 돈이다. 돈은 세계 경제의 연료이며, 돈에 의해 세계 경제는 멈추지 않고 계속 회전할 수 있다.

그런데 돈은 모든 재화와 서비스를 조종하지만 바로 옆에 있는 사람과의 관계를 만들어 내지는 못한다. 물론 옆에 있는 사람을 돈으로 데려올 수는 있다. 그러나 그것은 옆 사람을 상품으로 만드는 자본주의의 방식에 의한 것이다. 이때 돈은 나와 그의 관계를 맺어 주는 것이 아니라, 내가 지불한 것만큼 효용성을 가진 상품화된 '그'를 데려다 놓은 것이다. 돈은 이와 동일한 방식으로 나와 아주 멀리 떨어진 지구 반대편 사람까지도 데리고 올 수 있다. '노예 시장'은 자본주의의 역사상 그것의 가장 분명한 본보기이며, 지금까지도 국가의 경계를 넘어 이동하는 사람들의 주요한 동력으로 작용하는 노동의 상품화와 본질적으로 동일한 속성을 지녔다. 그리하여 돈에 의한 물질적 이익을 추구하는 시장적 사고방식은 '사회'의 개념을 시장 경제 시스템으로 대체해 버리고, 개인의 무제한적 욕망 희구를 인간의 자연스러운 태도로 바꿔 버렸다.

돈의 관점에서 인간을 보는 것이 아니라 인간 혹은 인간관계의 관점에서 돈을 바라본다면, 돈은 특정한 방식_{상품 거래}의 상호작용상 수단에 불과하다. 인간관계를 글자 그대로 사람과 사람의 관계로 다시 생각해 본다면 돈의 가치는 상당히 제한적이다. 이를테면 친구와의 관계를 '우정'의 형식으로 그리고 이웃과의 관계를 '친절'의 형식으로 재조합한다면, 그렇게 재조합된 관계에서 돈의 비중은 상당히 축소될 것이다.

시장 경제는 개인을 위한 사회를 돈의 관점에 일치시키고, 돈의 관점에서 재편된 사회는 다양한 형식의 인간관계를 무력화시킨다. 그 결과 돈은 개인을 독립적이며 자유롭게 만들어 주었지만, 돈 없는 사람들을 외롭고 고독하게 만들었다. 시장 경제 시스템이 모두를 부자로 만들어 주지 않는다는 것은 지난 300여 년 자본주의 역사가 분명히 입증해 준 바이다. 2008년 금융 위기 이후 미국 사회는 그러한 자본주의를 '방치하는' 한, 부의 양극화가 더욱 심화될 뿐임을 역설하고 있다.

인간관계의 특정한 상호작용 수단으로 돈의 가치를 제한하는 것은 인간사회의 더 많은 가능성을 열어 둔다. 삶이 '돈벌이'로 전락하지 않기 위해 돈의 논리에 장악된 시장 경제와 거리를 두고, 인류의 다양한 인간관계의 형식에서 사회를 말하려 해야만 한다.

탐욕은 선인가

탐욕은 분명 인간 본성의 한 측면이다. 이를 부인할 사람은 많지 않을 것이다. 하지만 모든 인간이 '탐욕은 선'이라 선언하면서 이웃의 안녕은 돌보지 않고 오로지 눈 먼 탱크처럼 자신의 이익을 향해 돌진하는 사회가 과연 '선한 사회'일까. 미국은 계몽주의 이후 근대 문명이 낳은 사회이며, 여러 가지 면에서 아주 흥미로운 사회적 실험이 행해진 표본 사회이기도 하다. 그 실험 중 하나가 방금 말한 대로 "탐욕적 개인주의에 사회 전체를 내맡길 때 과연 좋은 사회가 도래하는가"라 할 수 있다. 그리고 실로 만화보다 더 만화같이 극단적으로 양극화된 미국의 실상은, 최소한 지금까지

자신의 이익까지도 과감하게
내줄 줄 알고 헌신적으로
일하는 데에서 **행복을**
느끼는 인간은 없었던가.

는 그 실험 결과가 부정적임을 명확히 보여 주고 있다.

그렇다면 프롤로그에서 살펴봤던 탐욕적 개인의 출현 과정을 거슬러 올라가, 그러한 생각이 나타나기 이전 인류의 삶의 모습과 그러한 삶을 일구던 이들의 생각을 다시 한 번 살펴볼 필요가 있다. 과연 인간은 애초부터 스스로를 탐욕적 개인으로 여겨 왔던가. 자신에게 이익이 없다면 손가락 하나 까딱하지 않는 것이 본래의 인간이었던가. 같은 사회에 살고 있는 다른 이들의 행복을 위해, 필요하다면 심지어 자신의 이익까지도 과감하게 내줄 줄 알고 헌신적으로 일하는 데에서 행복을 느끼는 인간은 없었던가. 그래서 모든 이들이 자기 자신의 이익 추구도 좋지만, 어디까지나 그것이 함께 살아가는 다른 이들과의 조화 그리고 사회 전체의 안녕이라는 상위의 목적과 모순되지 않는 선에서만 이루어져야 한다고 생각하던 사회는 없었던가.

"미국은 더 이상 중산층의 나라가 아니다."

– 조지프 스티글리츠

CHAPTER I
아메리칸 드림의 그늘

CHAPTER 2 /

빅맨,
공동체를
말하다

아랄 넨이 처음 미국에 왔을 때는 모든 것이 경이로웠다. 미국 사회는 자유롭고 풍요로웠으며 마치 지상 낙원처럼 다가왔다. 미국은 동화에나 나올 법한, 황금 마차로 도심을 누비는 환상이 현실이 되는 곳이라 여겨졌다. 이렇게 아름다운 곳에 사는 이들은 모두 행복하리라는 생각도 들었다. 그리하여 넨은 노력하면 잘살 수 있다는 '미국의 성공 신화'를 믿었고 슈퍼마켓 창고지기, 바닥 청소부, 공장 기계부품 조립 일까지 열심을 다했다. 그렇게 학비를 벌이 10년 진 미국 징교사 자격증을 취득했고, 현재는 비행청소년과 같은 불우한 아이들에게 특수수업을 하는 교사로 지내고 있다.

그런데 넨이 겪은 문화 충격은 미국에 첫발을 내디뎠던 18년 전보다 지금이 오히려 더 강하다. 2008년 금융 위기 이후 주정부 예산이 줄어 교사들의 임금이 15퍼센트 삭감되면서 특수교사인 넨은 가계 수입을 보충하기 위해 부업을 해야 했고 방학 기간 전당포에서 보조 업무를 하고 있다. 현재 미국에서 전당포는 그 어떤 곳보다 붐빈다. 넨이 부업 삼아 다니는 곳은 로얄 폰 샵Royal Pawn Shop이라는, 시카고에서 가장 오래된 70년 역사의 전당포이다. 이곳에서 그는 창고를 오가며 고객이 맡겨 놓은 물건을 찾아오는 일을 한다. 창고에는 수백만 원을 호가하는 모피 코트만도 수백 벌이 진열되어 있다. 사람들은 식기, 수저, 냉장고, 악기 등 돈이 될 만한 물건은 무엇이든 전당포에서 돈으로 바꿔 간다.

아랄 넨의 고향 마을에는 전당포가 없다. 그래서 전당포에 귀중품을 맡기고 돈을 빌리는 사람들의 모습은 그에게 낯설기만 하다. 넨은 돈이 없으면 미국에서 살아갈 수 없다는 것을 알면서도, 돈에 저당 잡혀 살아가는 삶을 받아들이기 힘들다. 이웃에 누가 사는지도 모르고 그 이웃이 굶어 죽어 나가도 상관하지 않는 미국 생활은 그의 고향 마을에서는 상상조차 할 수 없는 일이다.

아랄 넨이 태어나고 자란 고향 마을은 이 책 뒷부분에서 살펴보게 될 터인데, 그 전에 우선 버려야 할 고정관념이 있다. 그 사회가 문명이 본격적으로 발전하기 이전 단계이거나 어쩌다 나타나는 특이한 경우일 뿐이며, 따라서 제대로 노동분업이 이뤄지고 시장 경제 혹은 화폐 경제가 발전하게 되면 금세 사라질 수밖에 없다는 생각이다. 요컨대 보기에는 아름다운 사회일지 모르지만, 이는 어디까지나 '잃어버린 낙원'에서나 찾을 수 있는 꿈 같은 이야기라는 편견이다. 이러한 고정관념을 벗고, 아랄 넨이 어린 시절을 보냈던 그 사회에 존재하는 경제생활의 패턴이 엄연한 조직 원리와 질서를 가진 것으로서 고도의 문명사회에서도 대규모로 존재해 왔음을 먼저 이해할 필요가 있다.

사실 그러한 고정관념을 가질 만한 근거도 다분하다. 홀로 살아가는 로빈슨 크루소의 섬이거나 그와 별반 다르지 않은 몇 명 정도의 소규모 가정 경제라면 노동분업도 존재하지 않거나 아주 작은 규모여서 별 문제가 되지 않을 것이다. 하지만 문명이 발달한 사회라면 무수한 사람들 사이 노동분업이 생겨나는 건 당연지사다. 더욱이 고도의 노동분업이 이뤄지는 사회라면 이와 비례적으로 시장 경제 혹은 화폐 경제가 발전할 것이다. 이러한 유추를 통해 파푸아뉴기니 깊은 곳에 사는 아랄 넨의 부족체는 그저 '미개'한 단계의 사회일 뿐이라는 단정이 생겨난다.

그런데 노동분업의 조직화가 반드시 물물교환이나 화폐를 매개로 한 시장교환만으로 가능한 것은 아니다. 여기가 치명적인 지적 혼란과 논리적 비약이 생겨나는 지점이다. 원시사회로부터 고도로 발달한 현대 산업사회에 이르기까지 인간의 노동분업을 조직하는 경제 패턴에는 시장에서의 교환 이외에 최소한 상호성 혹은 호혜성 reciprocity 그리고 재분배 redistribution 라는 두 가지가 존재해 왔다. 이 두 가지 통합 패턴은 화폐 경제 혹은 시장교환과는 전혀 다른 조직 및 운영 원리에 입각하여 다양한 형태와 규모의 노동분업체를 가능케 했다.

따라서 어떤 경제 공동체에 화폐가 존재하지 않고 시장교환이 발달하지 않았다고 해서 그것이 '미개'하며 조만간 사라질 수밖에 없다고 쉽게

넨은 돈이 없으면 미국에서 살아갈 수 없다는 것을 알면서도, 돈에 저당 잡혀 살아가는 삶을 받아들이기 힘들다. 이웃에 누가 사는지도 모르고 그 이웃이 굶어 죽어 나가도 상관하지 않는 미국 생활은 그의 고향 마을에서는 상상조차 할 수 없는 일이다.

단정할 수는 없다. 오히려 이 예외적으로 비춰지는 아랄 넨의 고향 마을이 시장에서의 돈벌이라는 동기 이외에 다른 이들과 노동분업을 조직하고 그 안에서 열심히 일하게 만드는 인간의 또 다른 동기를 보여 주는 예가 될 수 있다.

상호성과
재분배의 사회

    상호성이란, 공동체 내 성원들 사이에서 한쪽이 구체적인 물품이나 인적 용역 등의 서비스를 제공하면_{보통 '선물'의 형태로 이뤄질 때가 많다} 그것을 받은 쪽에서 이에 대한 답례로 다른 물품과 서비스를 내놓는 식으로 이뤄지는 관계를 말한다. 항상 그런 것은 아니지만 그 관계는 선배와 후배, 신랑과 신부, 언니와 동생 등과 같이 쌍방의 대립적 구도로서 쌍대성^{duality}을 가질 때가 많다. 이때 '선물^{gift}'이라고 하면 반지나 초콜릿 등과 같이 특별한 물품을 떠올려, 필수품의 생산과 분배가 제대로 조직될까 의아해하는 이들도 있을 것이다. 하지만 저명한 인류학자 마르셀 모스^{Marcel Mauss}에 따르면, 이는 어디까지나 기독교 문명의 독특한 사고방식일 뿐 대부분 사회에서 선물은 중요한 경제적 물자들과 관련된 정규적 경제 활동의 일부분을 이루어 왔다.

이때, 선물을 주는 쪽이나 받는 쪽이나 주고받는 물건 및 서비스의 물적 '등가관계'에 따라 스스로의 물적 이익을 극대화시키려는 게 목적이 아님을 주의할 필요가 있다. 비유로 말하자면, 발렌타인데이에 좋아하는 사람에게 초콜릿을 선물하는 행동이 '화이트데이 때 톡톡히 챙기리라'는 생각으로 동기화된 게 아니라는 것이다.

어디까지나 쌍대성의 한 축으로서 마땅한 의무를 수행하여, 관계와 유대를 더욱 튼튼히 하고 스스로의 명예와 공동체의 인정을 얻는다는 것이 '선물'의 주된 동기로 작동한다. 그래서 선물 행위에서 노골적으로 등가를 따지는 것은 천박하게 여겨지며, 주고받는 물품의 종류와 내용 그리고 주고받는 행위의 시점 등은 시장에서의 등가교환 방식이 되지 않도록 세심하게 구성된다.

또 하나, 상호성이나 선물이라고 해서 이를 A와 B의 단순 쌍방 간 행위로 여겨서는 안 된다는 데 주목해야 한다. 쌍대성이 상호적이긴 하지만, 반드시 두 사람 사이에서만 성립하는 것은 아니다. 예를 들어 A가 B에게 선물했을 때 B가 A가 아닌 C에게 답례할 수도 있다. 이 관계가 연장되면 A → B → C → Z → A로 순환되는 구성도 가능하며, 무한히 순환하는 방식도 가능하다. 이렇게 되면 선후배 관계, 세대 간 관세 등 상당히 큰 규모의 노동분업도 상호성으로서 조직 가능하다.

재분배 형태는 쌍대성 대신 중심성centrality이 관계의 성격을 규정할 때 발견된다. 모든 이들이 중심의 한 사람 혹은 집단에 자신의 것을 내놓으면 그 중심의 사람 혹은 집단이 이를 전체에 재분배한다. 이 또한 참여하

금전적인 이익의 취득이란 동기로 움직이는 시장교환 대신,

타인에 대한 배려와 사회적 관계의 강화를 목적으로 하여

실로 헌신적으로 일하는 사람들의 경제 조직도 얼마든지 발견할 수 있다.

는 자들이 시장교환에서와 같이 교환을 통해 스스로의 이익을 챙기겠다는 동기로 작동하는 게 아니다. 이는 중심에 있는 인물 혹은 집단에 대한 전통적·종교적 경배를 표하기 위한 책무일 수도 있고, 이것이 굳어져 강제적 성격을 띠면 권력적 관계로 변질되기도 한다. 말할 것도 없이, 이러한 재분배는 원시생활을 하는 수렵 집단에서도 나타났지만, 그보다 훨씬 복잡하게 조직된 대규모 문명사회에서의 노동분업에서도 발견된다. 중앙의 왕정과 신전神殿을 중심으로 지방정부에까지 창고를 마련하여 재분배를 행했던 이집트 고왕국이 그 오래된 예이다. 이들 노동분업 조직이 얼마나 효율적이었는지는 당시 건설된 대형 피라미드를 통해 짐작할 수 있다. 현대 산업사회에서도 이는 대단한 위력을 발휘한 바가 있다. 비록 무너지기는 했으나, 공산주의 국가들은 재분배 형태의 방법으로 산업 체계를 빠른 속도로 건설할 수 있었다.

다시 말하지만, 인간사회의 노동분업을 조직하는 것은 화폐를 통한 시장교환만이 아니다. 금전적인 이익의 취득이란 동기로 움직이는 시장교환 대신, 타인에 대한 배려와 사회적 관계의 강화를 목적으로 하여 실로 헌신적으로 일하는 사람들의 경제 조직도 얼마든지 발견할 수 있다. 이제부터 살펴볼 '빅맨'과 그의 활동을 통해 일궈지는 공동체 내 경제 활동 또한 이러한 상호성과 재분배라는 노동분업 조직의 발현으로 이해할 수 있다.

완톡, 호혜성의 네트워크

넨의 고향은 파푸아뉴기니 동남부의 항구도시 라에Lae에서 내륙 쪽으로 40마일 더 들어간 다음 다시 배를 타고 프리다강Frieda River을 거슬러 오른 후 여기서부터 또다시 2시간 정도 걸어 들어가야 하는 숲속 깊은 곳에 자리하고 있다. 파푸아뉴기니에는 대략 800개가 넘는 언어가 존재하는데, 같은 언어를 쓰는 공동체를 '완톡wantok'이라 부른다.

완톡은 '원 토크one talk'에서 유래한 말로, 피진Pidgin어가 파푸아뉴기니 공용어로 자리 잡은 19세기 이후 파푸아뉴기니, 솔로몬 제도, 피지 등 멜라네시아 공동체적 단위를 가리키는 용어로 사용되어 왔다. 넨의 완톡인 '상각부족'은 약 500여 명의 구성원이 세 개의 마을에 나뉘어 살며 숲속 깊은 곳에서 파푸아뉴기니의 전통적인 생활양식을 지금까지도 영위하고 있다. 여자는 돼지를 키우고 밭을 가꾸며, 남자는 카누를 만들어 사냥과 어로를 업으로 삼는다. 주로 밤에는 박쥐, 낮에는 야생 돼지를 사냥하고 강에서 장어, 새우, 캣피시catfish를 낚기도 한다. 가옥은 전통적 방식 그대로, 대나무로 기둥과 벽을 세우고 바나나 잎사귀로 지붕을 덮어 만든다.

파푸아뉴기니는 상당량의 구리와 은, 세계 3위라는 금 매장량을 자랑하며 1970~80년대 광산 개발로 지금까지 호황을 누리고 있다. 하지만 상각부족과 이웃 부족들은 전통적인 생활양식을 지키기 위해 자신들의 땅에 매장된 광물을 개발하려 드는 외국 자본에 맞서고 있다. 개발 및 이를 위한 토질 검사를 하지 못하도록 서로를 설득하고 격려하며, 산업적

상각부족과 이웃 부족들은 전통적인 생활양식을 지키기 위해
자신들의 땅에 매장된 광물을 개발하려 드는 외국 자본에 맞서고 있다.
개발 및 이를 위한 토질 검사를 하지 못하도록 서로를 설득하고 격려하며,
산업적 개발을 거부한 채 전통적 삶을 선택해 왔다.

최후의 선택 아로파

개발을 거부한 채 전통적 삶을 선택해 왔다. 이는 모든 문제를 함께 의논하고 결정하는 완톡 시스템이 있기에 가능했다.

하나의 완톡은 동일한 언어를 사용하고 공통의 친족 집단이 있으며 상호 호혜성에 대한 믿음을 공유한다. 여기서 상호 호혜성이란 '빅맨Big man'이라 불리는 마을의 지도자를 중심으로 서로의 생계를 공유하고 서로의 필요에 부응하는 인격적 관계를 말한다. 완톡은 집단 내 호혜성뿐만 아니라 집단과 집단 간 호혜적 관계 또한 포함한다.

멜라네시아 출신의 인류학자인 고든 레우아 나나우Gordon Leua Nanau 에 따르면, 이와 같은 완톡은 영국의 지배를 받았던 식민 시대 이전과 이후를 잇는 정체성 구성에 핵심적 역할을 했다. 그는 멜라네시아가 서구 지배로부터 독립한 후 식민지 경험에 대한 반작용으로써 자신의 고유한 문화적 실천의 장을 계속적으로 재구성한 결과가 완톡이라 말한다. 그러므로 완톡은 동일한 언어 집단 및 자급자족의 자치 단위를 가리킬 뿐만 아니라, 구성원의 생계를 상호 책임지는 실질적인 생활 공동체로서 '서구와 다르다'는 정체성을 구성원에게 제공해 왔다. 완톡의 구성원들이 빅맨을 중심으로 무조건적인 호혜적 관계를 맺고 유지하는 것은 완톡의 생계를 보장받기 위함일 뿐만 아니라 구성원의 정체성을 지키기 위함이기도 하다. 여기서 빅맨을 중심으로 한 완톡이 강한 응집력과 실천력을 보이는 이유를 찾을 수 있다.

완톡에서는 어느 한 사람의 텃밭을 일굴 때에도 모든 구성원들이 빅맨의 지시에 따라 일사불란하게 움직인다. 집을 지을 때도 여자들은 지붕을 덮을 풀을 꼬고 남자들은 기둥과 벽을 세우는 등 성별 역할 분담 정도만 있을 뿐이다. 그렇다고 그들이 집과 밭을 공동 소유하는 것은 아니다. 각자 가족 단위의 집과 밭을 가지고 있고 그 소유의 방식이 정해져 있으며, 나름의 빈부 차이도 존재한다. 그럼에도 불구하고 그들은 누구의 집과 밭이든 상관없이 함께 세우고 일군다. 이 모든 과정을 진두지휘하는 이가 빅맨이다. 빅맨의 지시에 따라 사람들은 자신이 맡은 일을 능숙하게 처리한다. 마을에 집 없는 사람이 있다면 빅맨이 소임을 다하지 못한 결과이며, 이는 당장 빅맨이 무엇을 해야 할지를 일러 주는 지표가 된다.

빅맨의 인류학

빅맨은 파푸아뉴기니를 비롯한 멜라네시아의 지도자 유형을 개념화한 용어로, 미국의 인류학자 마샬 살린스Marshall Sahlins 의 〈빈자, 부자, 빅맨 그리고 추장 : 멜라네시아와 폴리네시아의 정치 형태Poor Man, Rich Man, Big Man, Chief : Political Types in Melanesia and Polynesia〉라는 논문에서 본격적으로 거론되었다. 남태평양은 크게 멜라네시아와 폴리네시아의 두 문화권으로 구획되는데, 멜라네시아는 파푸아뉴기니, 비스마르크, 솔로몬 제도, 피지섬을 포함하는 영역을 가리키고 폴리네시아는 뉴질랜드, 하와이섬, 이스타섬을 포함하는 영역을 가리킨다. 마샬 살린스에 따르면 폴리네시아 사회가 위계적인 피라미드의 정치 시스템으로 운영되는 반면, 멜라네시아 사회는 평등한 소규모의 공동체들이 각기 독자적으로 운영된다.

멜라네시아의 평등한 공동체 지도자 빅맨이 서구 인류학자의 관심을 끌었던 것은 빅맨이 세습이나 위계가 아닌 타인을 설득하는 능력과 지혜에 의해 그 지위를 획득한다는 점과 더불어 지위를 유지하는 독특한 방식 때문이었다. 일명 빅맨이라 불리는 멜라네시아 지도자들은 공동체의 생산물을 구성원들에게 호기롭게 나눠 주어 생산을 독려하는 한편, 자신의 몫으로는 하나도 남기지 않음으로써 공동체 구성원들의 신임을 얻어 자신의 지위를 유지한다.

서구 인류학자들은 공동체를 이끌어 가는 빅맨 시스템이 인류 공동체의 시원적 열쇠를 쥐고 있다고 믿었다. 빅맨 연구자들은 지도자의 시혜에 의해 구성원들의 자발적인 참여를 이끌어 내어 생산물의 증가와 재분배를 효과적으로 성취할 때 인류 공동체가 만들어지고 유지될 수 있다고 보았다. 최근의 빅맨에 관한 연구는 빅맨의 지위가 세습적 요소를 포함하고 있음을 새롭게 밝혔지만, 공동체 성원들의 신임이 빅맨을 결정하는 가장 본질적인 요소라는 데에는 아직까지 이론異論의 여지가 없다.

빅맨은 또 다른 예비 빅맨의 도전을 받기 마련이며, 누가 얼마나 많이 베풀고 적절히 분배하는가를 두고 예비 빅맨과 항상 경쟁할 수밖에 없다. 다시 말해, 복수의 빅맨들은 각자 자신의 지지자들의 생산을 독려하여 더 많은 생산물을 얻고 더 많이 베풂으로써 자신의 능력을 과시하고 공동체 전체의 신뢰를 얻어 낸다. 여기서 빅맨의 야심이란 오직 구성원들의 존경심을 얻는 것이며, 구성원들의 존경은 공정한 분배의 실현과 이를 통한 공동체의 생산력 향상 여부에 달려 있다. 구성원들은 명예를 위해 자신의 몫을 포기한 빅맨에게 그저 존경과 찬사로 화답하면 된다. 이와 같은 공동체 구성원과 지도자의 호혜적 관계는 인류 공동체가 반드시 정치적·경제적· 사회적으로 불평등한 위계관계를 통해 조직된다는 논리를 반박한다.

마빈 해리스는《식인과 제왕》에서 공동체 구성원들과 지도자 사이의 동등한 힘의 균형이 깨지는 순간, 즉 구성원들의 생산물 공납이 자발적이지 않은 강제적 '세금'의 성격을 띠고 토지와 바다와 같은 생산환경에의 접근권이 제한되며 지도자의 권리 행사가 폭력을 동원하는 순간, '식량 관리자'이자 '시혜적 분배자'는 더 이상 빅맨이 아니라고 말한다. 강제력에 의해 성원들의 생산물을 거두고 은혜로운 시혜를 베푸는 지도자는 더 이상 빅맨이 아니라 군주이다. 말하자면 빅맨이 식량 생산자들의 너그러운 선심에 의존하는 한편, 군주의 백성은 군주의 너그러운 선심에 의존한다.

마빈 해리스는 이렇게 힘의 균형이 깨지는 때를 인구 과밀화impaction 의 시점으로 보았다. 한 부족이 인구 적정선을 넘어 2개 이상의 부족으로 양분된 후 분화된 자子부족이 자급자족하지 않고 모母부족의 재분배 혜택을 계속적으로 누리는 대가로 주종관계를 선택할 때, 모부족의 빅맨은 통치자로서 더 이상 종속적인 자부족의 신임을 얻기 위해 시혜를 베풀 필요가 없다. 혹은 인구 과밀화로 부족들이 전쟁을 벌이고 전쟁에서 패한 부족이 승리한 부족에게 세금과 공물을 바쳐 평화를 유지하고자 할 때, 전쟁에 승리한 부족의 빅맨은 자부족을 대하는 모부족의 빅맨과 마찬가지로 전쟁에 패한 부족에게 시혜를 베풀지 않는다.

빅맨에서 통치자로의 진화를 원시 공동체primitive society 에서 군장사회chiefdom 로의 진화에 대응시키는 마빈 해리스의 논의는 생태인류학에 기초한 하나의 가설에 지나지 않는다. 왜냐하면 빅맨 사회는 선사 시대 인류 공동체의 화석이 아니기 때문이다. 자본주의로의 산업화·근대화를 기준 삼아, 전 세계의 다양한 사회를 시간적으로 배열하는 '진화주의*evolutionism*' 는 스스로를 세계의 중심부로 자처하는 제국주의적 세계관에 불과하다.

분명, 빅맨은 21세기 현생 인류가 택한 또 하나의 사회 시스템이다. 또 빅맨 시스템이 비서구의 소규모 공동체에서 발견되는 사례라는 점을 감 안한다면, 현대의 복잡한 사회 시스템과 단순히 비교하기 어렵다. 마샬 살린스는 빅맨 시스템이 경제적·정치적·문화적 형태에서 사회적 협업을 이끌어 낼 수 있는 매우 효과적인 기제이고 복잡한 사회에서조차 자율적 인 소규모 공동체 공간에서라면 시행 불가능한 게 아니라고 말한다. 이러 한 점에서, 생산물의 공평한 분배를 통해 지도자의 지위를 유지하는 빅맨 의 도덕적 함의는 1퍼센트의 욕망에 선점된 자본주의 사회를 되돌아보게 한다. 따라서 파푸아뉴기니의 빅맨 시스템을 고수하는 상각부족에게서 그 진화적 가설을 검토하는 대신, 인류가 지향해야 할 공동체의 도덕적 함의를 이끌어 낼 것이다. 왜냐하면 지금 인류 공동체는 극심한 불평등의 벼랑에 서서 생존 자체를 위협받고 있기 때문이다.

상각부족의 빅맨

상각부족의 빅맨인 존 이판푸식은 공동체를 훌륭하게 이끌어 왔고 마 을 사람들의 존경을 한 몸에 받고 있다. 때때로 존 이판푸식은 자신의 능 력을 과시하기 위해 이웃 부족을 초대해서 만찬을 베풀기도 한다. 이는 완톡 내외부적으로 호혜적 관계를 재생산하는 데 이바지한다.

상각부족 사람들은 이웃 부족에게 마을의 먹을거리를 아낌없이 내놓곤 한다. 만찬이 시작되기 전 높은 탑을 세우고 중간중간 받침대를 만들어 고구마와 코코넛, 바나나 등을 가득 올려놓는다. 탑의 맨 아래에는 살아 있는 돼지를, 맨 위에는 닭을 올려놓는다. 초대받은 부족은 밤새 춤과 노래를 즐기고, 그다음 날 아침 쌓아 놓은 식량과 돼지를 모조리 짊어진 채 돌아간다. 다음번에는 초대받은 이웃 부족이 상각부족을 성대하게 접대할 것이다. 이웃 부족의 빅맨은 접대받은 것보다 더 많은 돼지와 식량을 준비하여 자신의 능력을 과시할 것이다. 이렇듯 파푸아뉴기니 부족들은 빅맨의 능력을 경쟁적으로 과시함으로써 부족 내 생산의 효율적인 협업과 부족 간 생산물의 합리적 분배를 이끌었다.

상각부족의 마을 사람들이 모두 나서서 누군가의 집을 만들어 주는 날에는 반드시 만찬이 준비된다. 집 짓기가 끝나면 곧바로 마을 잔치가 시작되는 식이다. 상각부족에서 축하할 일이 있을 때 누구보다 앞서 자신의 몫을 내놓는 사람 또한 상각부족의 빅맨인 존 이판푸식이다. 존 이판푸식은 상각부족에서 가장 귀한 먹을거리이자 부의 척도인 고구마와 돼지를 내놓는다. 존 이판푸식이 내놓은 돼지고기는 마을 사람들에게 최고의 '선물'이다. 단백질이 부족한 이곳에서 돼지고기는 최고로 귀한 음식이기 때문이다. 존 이판푸식의 밭에서 수확한 고구마와 돼지고기는 마을 전체에 가족 단위로 분배된다. 빅맨과 함께 돼지고기를 나누는 날이 바로 마을의 축제인 셈이다. 돼지고기를 받아든 마을 사람들은 빅맨에 대한 존경심

빅맨의 가장 중요한 능력 중 하나는 **공정한 분배**이다.
마을 사람들은 존 이판푸식의 지휘에 따라
준비된 음식을 모두가 지켜보는 앞에서
공평하게 나눈다. 이 분배 의식은
철저히 투명하면서도 공개적으로
진행된다.

과 고마움을 표한다. 또 상각부족 사람들은 이웃에 집 없고 가난한 사람이 있다면 그것은 마을 전체의 수치라 여긴다. 이곳에서 집이 없어 밖에서 떠돌고 밥을 굶는 등 가난한 자가 방치되는 일은 있을 수 없다.

빅맨의 가장 중요한 능력 중 하나는 공정한 분배이다. 마을 사람들은 존 이판푸식의 지휘에 따라 준비된 음식을 모두가 지켜보는 앞에서 공평하게 나눈다. 이 분배 의식은 철저히 투명하면서도 공개적으로 진행된다. 베푸는 것에 인색하거나 나누는 것에 공평하지 않은 빅맨은 자격을 잃을 수 있다. 그래서 돼지고기를 나누는 데에도 빅맨은 하나하나 세심하게 지시한다.

아랄 넨은 미국에서 지도자를 자처하는 수많은 정치인을 보았다. 그러나 그들은 빅맨과 달리, 자신의 몫을 내놓지 않고 구성원들의 삶을 돌보지도 않았다. 파푸아뉴기니에서 대학을 나와 고향 마을에서 빅맨으로도 살았던 넨이 보기에, 미국의 정치인은 빅맨과 같은 지도자로서의 자질을 갖추지 못했다.

최후의 선택 아로파

고대 그리스의 '선물', 공생의 가치

빅맨은 묵묵히 자기 일을 하면서 공동체를 돌보지만, 역대 빅맨 중 자신들이 어떠한 생각으로 그렇게 행동하며 그 삶의 방식을 고수했는지 논리적으로 설득력 있게 제시하는 이가 있었는지는 알 수 없다. 그렇다고 아쉬워할 일은 아니다. 이들의 경제생활 조직 방식은 이곳에서만 발견되는 특이한 것이 아니라, 여러 다른 문화와 문명에서도 종종 발견할 수 있는 보편적인 것이기 때문이다. 개중 뛰어난 철학자나 사회과학자가 이러한 행동 원리를 설명한 경우도 있을 것이고, 운 좋게 오늘날까지 남아 있는 기록을 찾을 수도 있다. 특히 고대 세계 가장 위대한 철학자 중 한 명이었던 아리스토텔레스가 남긴 《니코마코스 윤리학》의 5장 5절은, 고대 그리스인들의 삶에서 이러한 '선물' 경제가 얼마나 중요한 것이었는지 잘 설명하고 있다.

그리스인들은 자급자족autarkia을 목표로 하는 가정 경제oikos에서 물질적인 경제생활, 즉 살림살이를 해결했지만 여러 가정 경제가 뭉쳐 구성된 폴리스polis를 단위로 외적을 물리치기도 하고 공동의 법률과 정치질서를 만들어 나가기도 했다. 아리스토텔레스의 말을 빌면, 야만인들barbaroi을 제외한다면, 모든 인간은 폴리스 생활을 해야 하는 폴리스적 동물zoon politikon, '사회적 동물'이며 그렇지 않은 사람은 짐승이거나 신일 수밖에 없다. 이 가정 경제와 폴리스 등의 공동체koinonia는 어디까지나 그 성원들 사이의 사랑과 정philia을 유대 삼아 유지하게 되어 있다. 사랑과 정이 끊어진다면 그야말로 '정 떨어진' 관계가 되어 어떤 공동체든 해체를 면치 못한다. 따라서 공동체를 유지하기 위해서는 모든 성원들이 자신이 다른 성원들과 공동체 전체에 대해 품고 있는 사랑과 정을 적극적으로 표현하는 것이 대단히 중요했다.

그 적극적 표현은 다름 아닌 '선물'로 나타나게 되었고, 선물을 받은 쪽에서는 이에 대해 응분의 답례를 해야 했다. 폴리스 성원들 간의 이 호혜적인 선물 주고받기antipeponthos, 그리고 이를 통한 서로 간 정의 확인이야말로 폴리스를 견고하게 유지해 주는 비밀이었다. 따라서 이러한 선물 주고받기가 활발하게 일어나기 위해서는 공동체 전체가 어떤 선물에 대해 어떤 답례가 '응분'의 것인지에 대한 일정한 합의와 관례를 갖고 있을 필요가 있었다. 아리스토텔레스의 말대로, "비례적인 선물 주고받기에 폴리스의 존속 자체가 달려 있다."

하지만 이것만으로는 사랑과 정이 넘치는 튼튼한 폴리스를 만들어 내는 데 충분치 않다. 이보다 더욱 중요한 것은 바로 '한턱 쓰기metadosis' 정신이었다. '가는 정이 있어야 오는 정이 있다'는 말은 곧 '오는 정이 있어야 가는 정이 있다'는 말로 반박되기 마련이다. 제아무리 '응분'의 답례를 할 마음이 가득한, 염치 의식 넘치는 폴리스라 해도 먼저 선물을 시작하는 이가 없다면 무슨 소용인가. '사랑'과 '정'은 그 특성상, 설령 누가 제대로 답례하지 않는다 해도 결코 그 대가를 바람 없이 스스로 우러나 행해야 자연스럽다. 게다가 생활을 하다 보면 전체가 자신의 몫을 내놓아야 하는 갹출의 상황이 있게 마련이다. 마을 잔치가 벌어지면 닭 한 마리라도 보태야 할 것이며 외적이라도 쳐들어오면 있는 대로 군량미를 내놓아야 할 것이다. 이때 몸 사리지 말고 눈치 보지 않으며 기분 좋게 스스로 나서서 한몫 내놓는 게 바로 폴리스를 유지하기 위한 핵심이다.

아테네 아고라 광장 한가운데 자비와 친절을 의미하는 여신 카리스Charis 신전이 세워져 있음은 무척 상징적이다. 아리스토텔레스에 의하면, 그 신전은 "사람들로 하여금 서로 돌아가며 호의를 베풀라antapodosis는 정신을 일깨운다. 이것이야말로 카리스 여신의 특징이다. 왜냐하면 자신에게 행해진 봉사를 갚는 것뿐만 아니라 어떨 때는 스스로 앞장서서 남에게 봉사를 행하는 것도 시민의 의무이기 때문이다."

이렇게 본다면, 빅맨은 선물 주고받기와 한턱 쓰기를 체득하여 공동체 성원들이 사랑과 정을 나누는 데 중심적인 매개체로 역할하는 자이다. 그는 자신의 물적 이익은 돌보지 않고 어려움에 처한 성원들이 있거나 공동체 전체의 필요가 있을 때 과감하게 '한턱 쓰기'에 나선다. 성원들은 이에

가리스 선정은 사람들로 하여금
서로 돌아가며 호의를 베풀라는 정신을 일깨운다

대한 호혜적 반응으로, 존경과 사랑 혹은 선물을 건넨다. 이 선물은 빅맨이 취하는 게 아니라 다시 한턱 쓰기의 수단으로 사용된다. 결국 아리스토텔레스의 시각에서 보자면, 그는 공동체 전체의 눈에 보이지도 손에 잡히지도 않는 '유대'의 담지자이다.

아리스토텔레스를 오해하는 현대인

앞서 인용한 《니코마코스 윤리학》 5장 5절은 번역상 문제로 쉽게 찾지 못할 수도 있다. 특히 '한턱 쓰기'라 표했던 'Metadosis'가 '시장교환' 혹은 '물물교환'이라 번역되어 있을 경우 치명적이다. 이는 단순한 번역상 문제가 아니며, 현대인들의 경제생활이 영위되는 자본주의가 빅맨이나 아리스토텔레스의 세상과 얼마나 다른지를 보여 주는 일례이다.

아리스토텔레스의 그리스어 원전이 유럽 각국 언어로 번역된 것은 19세기에 이르러서이다. 이 시기는 프롤로그에서 살펴본 '호모 에코노미쿠스', 즉 탐욕적 개인의 신화가 유럽인들의 의식을 완전히 지배하던 때였으며 모든 인간사회 경제생활이 화폐를 추구하는 시장 경제일 수밖에 없다고 믿던 때이기도 했다. 당시 영어권의 대표적인 아리스토텔레스 번역 전집인 옥스퍼드 대학본에서 《니코마코스 윤리학》을 번역한 로스[W. D. Ross]나 하버드 대학의 뢰브판 번역자 래컴[H. Rackham]은 당대 정신으로 Metadosis를 해석, 물건을 주고받는 '교환'으로 옮겼다. 그리고 집단의 '필요[chresis]'는 어처구니없게도 미시경제학에 나오는 '수요[demand]'로 오역했다.

번역상 혼동은 이후 아리스토텔레스와 그의 경제사상에 대한 오해의 소지가 되었다. 아리스토텔레스가 선물을 주고받을 때의 '응분'의 대가에 대해 공동체 전체의 규범이라 말한 것을 두고, 슘페터는 '독점가격이 아닌 경쟁가격'이라 해석하기도 했다. 또 그가 규범을 전개하는 데 사용한 논리를 '가치론'이라 오인하기도 했고, '수요'를 중시했다 하여 최초로 '한계효용학설'을 제창한 선구자라는 엉뚱한 영예^{혹은 오욕}를 뒤집어씌우기도 했다. 이렇게 잘못된 해석은 칼 폴라니 그리고 영국의 저명한 고전학자인 핀리^{Moses I. Finley}가 강력하고도 단호하게 이의를 제기하기 전까지 권위 있는 해석으로 통용되었다.

어처구니없는 일이지만 빅토리아 여왕 시대의 19세기 유럽 지식인들의 사고방식에서 보자면, 아무런 물적 이익이 담보되지 않은 상태에서 오로지 공동체 전체와 이웃의 안녕을 위해 자신의 것을 덥석덥석 내놓는 빅맨이나 아리스토텔레스가 살던 시대의 사고는 납득하기 어려울 터이다. 그것이 로스에서 슘페터에 이르는 당대 지식인들이 실수를 범한 주된 원인이었다. 실로 현대인들은 빅맨과 아리스토텔레스로부터 멀리 와버린 게 분명하다.

사도 바울이 말한 이래 기독교인의 가장 중요한 3대 미덕으로 꼽히는 '믿음, 소망, 사랑'에서 '사랑^{caritas}'이 카리스 여신과 관련되어 있음을 아는 이는 별로 없는 듯하다. 원시 기독교인들이 말하고 행했던 사랑은 입술과 혀로만 때우던 추상적 개념이 아니었다. 아무리 황홀하게 아름답다 해도 기껏해야 '천사의 말'일 뿐, "네가 천사의 말을 한다 하더라도 이것이 없다면 꽹과리 소리에 불과하다"고 말했던 사도 바울의 '이것'은 타인에게 물품이나 봉사를 대가 없이 베푸는 사랑의 개념에 가까웠다. 이 말이 오늘날 '자선charity'의 어원이 되었다. 지금은 사랑을 말하는 사람이 너무 많아 흔하고 흔한 말이 되어 버렸지만, 아직도 많은 사람들이 배를 주리고 마음 시린 상태다. '카리타스'는 고작 값비싼 시계 상표가 되어 있을 뿐이다.

공동체의 뿌리를 찾아서

평범한 중산층이라 자부해 왔던 넨 부부는 2008년 금융 위기 이후 미국에 불어닥친 극심한 경기 침체를 피할 도리가 없었다. 넨은 가족의 차 두 대 중 한 대의 승합차를 팔았다. 승합차는 미국 중산층의 상징이었다.

"우리 가족은 이 차에 카누를 싣고 강에 가서 노를 젓기도 했죠."
"아이들을 저 차에 태우고 다니면서 좋은 추억을 많이 만들었어요. 저 차를 타고 재미있는 경험을 많이 했는데, 굉장히 슬프네요."

미국의 비영리 여론조사 기관인 퓨리서치 센터에 따르면, 2014년 1월 당시 미국인 중 자신이 중산층이라 답변한 사람은 44퍼센트였다. 이는 2008년의 53퍼센트에서 9퍼센트 하락한 수치이고 1971년의 63퍼센트에 비해 약 19퍼센트 하락한 수치이다. 한편 하층에 속한다고 답변한 사람은 2008년의 25퍼센트에서 40퍼센트로 급증했고, 상층에 속한다고 답변한 사람은 21퍼센트에서 15퍼센트로 급감했다. 안타깝게도 미국의 계층적 하락은 지속되고 있다.

미국의 경제학자들은 1980년 이후 중간 전문직의 일자리 증가율이 46퍼센트에 그친 데 반해 단순 기술직의 일자리 증가율은 110퍼센트에 달하는 것이 그 주된 원인의 하나라 지목했다. 그러나 보다 근본적인 이유는 중산층의 소득이 지속적으로 하락한다는 데 있다. 2007년에서 2012년 사이 상층의 평균소득은 2퍼센트 하락한 데 비해, 중산층의 평균소득은 8퍼센트 하락했다. 중산층이 세웠던 나라 미국은 이제 부자와 가난한 자로 양분되고 있다.

아랄 넨은 자신의 몫을 내놓을 형편은 아니지만, 푸드 뱅크에서 자원봉사를 함으로써 빅맨의 정신을 실천하고자 한다. 푸드 뱅크는 내놓는 것에 익숙했던 그가 가장 즐겁게 일할 수 있는 곳이다. 이곳 음식은 대부분 유통기한이 임박하여 일반 식품점에서 넘겨받은 것이다. 때로는 유통기한이 한참 지난 것도 있는데, 이를 먹고 탈이 난다 한들 그 음식을 가져간 사람이 감당해야 했다. "소비의 책임은 소비자의 몫Consume at your own risk"이었다.

지금 넨의 눈에 비친 미국은 공동체이기를 포기한 사회이다. 삶의 가치는 개인의 욕망에 집중되고, 공동체적 가치는 욕망의 실현을 위한 경쟁의 장에 자신의 자리를 내주었다. 그는 자신의 아들들이 미국이 아닌 파푸아뉴기니의 고향 마을에서 삶의 가치를 배우기를 희망한다. 그래서 넨은 아이들과 함께 파푸아뉴기니의 고향 마을을 다시 찾았다. 빅맨의 의미와 공동체의 가치는 아이들이 알아야 할 삶의 뿌리라 생각했기 때문이다.

나눔의 가치

이른 새벽, 상각부족 사람들이 거친 여행길에 올랐다. 넨 일행과 함께 중요한 의식에 쓰이게 될 돼지를 카누에 싣고, 밤새 거센 강물을 거슬러 상각부족의 땅으로 향하던 참이다. 마침 넨 일행이 도착했을 때 상각부족 사람들 모두가 넨 일행을 반겨 주었다.

의식은 곧장 시작되었다. 상각부족의 모든 의식에는 돼지가 빠지지 않는데, 앞서 밝혔듯이 돼지는 빅맨의 능력을 보여 주는 가장 귀하고도 대표적인 음식이기 때문이다. 의식의 주인공은 넨의 두 아들로, 이들은 성인식을 준비하고 있다. 상각부족에서 성인식이란 남녀 모두가 거쳐야 하는 통과의례 rite of passage 로, 마을이 내려다보이는 언덕에서 벌어진다.

상각부족의 빅맨은 마을의 절벽 꼭대기 가장 신성한 곳에서 흙을 퍼 온 후 진흙으로 짓이겨 성인식을 치르는 아이들의 얼굴과 몸에 고루 바르도록 한다. 치장을 마친 아이들은 마을 입구에 세워진 풀과 나무로 만든 집의 문밖에 서서 안쪽의 빅맨이 던지는 간단한 테스트를 기다린다. 아이들이 자기소개를 하며 "내 뿌리를 찾으러 왔다"고 말하면 이내 문이 열리고 마을로 들어오는 것이 허락된다. 이들이 문을 통과하길 기다렸다는 듯 안내자는 노래를 부르고 북을 치며 원두막 모양의 새로 지은 집으로 아이들을 안내한다. 안내자의 노래와 북소리가 멈춘 후 빅맨은 아이들에게 환영의 인사를 하고 아이들은 고마움을 표하며 성인식이 마무리된다. 이후 빅맨은 성인식을 통과한 아이들에게 활과 화살을 선물하고, 마을 사람들은 음식을 나누어 먹는다. 용맹을 상징하는 활과 화살을 받음으로써 두 미국

"저쪽의 시냇물부터 여기 초록색 갈대숲까지 우리 땅이고,
저기 산 위쪽부터 상각부족의 땅이 시작되는데
저것도 너의 것이다. 이 모든 것이 너의 것이지만,
제일 중요한 것이 뭐지?"
"나누는 거요."

최후의 선택 아로파

인 소년은 이제 상각부족의 남자로 받아들여졌다.

상각부족의 성인식은 어른으로의 성장식만 의미하는 게 아니다. 공동체 구성원이 되는 의식이자, 공동체의 구성원임을 받아들이는 의식이다. 성인식은 공동체에 진입하여 공동체를 위한 구성원으로서의 소임을 다하겠다는 입사 절차와도 같다. 그래서 인류학에서 성인식은 입사식^{入社式, initiation}의 개념으로 설명된다. 통과의례를 연구한 네덜란드의 인류학자 아놀드 방주네프^{Arnold van Gennep}에 따르면, 성인식을 치르는 초입자^{初入者}는 우선 의례적으로 일상생활과 분리되어 고립된 영역으로 들어가는 절차를 밟는다. 이러한 일상과의 분리 과정을 겪은 후 한층 업그레이드된 모습으로 다시 일상으로 돌아와 재통합하는 과정을 거침으로써 상징적이나마 입사자는 다시 태어난다. 성스러운 흙으로 입사자의 몸을 칠하는 것도 현세 인간관계가 초자연적 힘으로 연결되어 있음을 상징한다. 넨의 아이들은 상각부족의 입사식을 통과함으로써 공동체의 구성원들과 초자연적 힘이 관장하는 관계를 맺고 비로소 공동체의 구성원이 되었다.

넨의 아들들의 목에는 야생 돼지의 뿔이 걸려 있다. 이것은 빅맨이 건네준 징표이다. 열세 살이 되는 넨의 장남 나가루는 아버지로부터 빅맨의 지위를 이어받았다. 이제 나가루는 빅맨의 의무를 다해야 한다. 그것은 우선 상각부족 사람들에게 시혜를 베풀어야 함을 뜻한다. 그래야만 마을 사람들로부터 빅맨으로 인정받을 수 있다.

차세대 빅맨의 탄생을 축하하기 위해 성대한 잔치가 마련된다. 불에 달군 돌 위에 각종 야채와 과일, 곡물을 익혀 먹는 상각부족의 전통음식 '무무'가 만들어진다. 무무는 한꺼번에 여러 종류의 음식을 요리해서 다 함께 나눠 먹는다는 점에서 우리의 '한솥밥'과 유사하다. 바나나잎에 올라간 돼지고기, 코코넛, 고구마 등이 달군 돌 위에서 잘 익으면 맛있는 무무가 완성된다. 이제 빅맨의 지휘로 음식을 골고루 나눌 차례다.

아랄 넨은 많은 사람들에게 음식이 골고루 나눠지도록 몇 번씩 확인한다. 집집마다 분배된 음식은 고기의 양이며 부위까지 거의 동일하다. 음식을 공평하게 나눠 먹는 것은 이곳 사람들이 오랫동안 지켜 온 가장 기본적이고도 중요한 원칙이다. 이렇듯 공동체가 유지되기 위해서는 빅맨의 공정하고 일관된 판단이 필요하다.

잔치는 밤새도록 이어진다. 상각부족 사람들은 스스로를 빅맨의 자손이라 믿고 있다. 그만큼 빅맨은 마을 사람들로부터 깊이 존경받는 존재이다. 용맹한 전사이자 베푸는 지도자 빅맨은 상각부족을 하나로 만들고 서로가 보호막이 되게끔 만든다.

잔치 다음 날 아침, 코코넛 껍질과 조개로 치장한 여인네들이 모여 마을 사람들의 식사를 준비한다. 아이들은 자연 속에서 스스로 커 가고 또래들 속에서 살아가는 방식을 터득한다. 상각부족은 물질적으로 풍족하지는 않지만, 미국에 없는 가치를 갖고 있다. 바로 상생의 가치이다. 누구하나 굶는 사람이 없고 집 없는 사람도 없다. 서로가 서로를 돌보는 시스템이 있기 때문이다.

마을을 떠나기 전날 아랄 넨은 아들과 함께 마을이 내려다보이는 산으로 올라갔다. 비록 몸은 미국으로 떠나지만, 넨은 아들들이 상각부족의 전통과 빅맨으로서의 소임을 잊지 말기를 당부한다.

"저쪽의 시냇물부터 여기 초록색 갈대숲까지 우리 땅이고, 저기 산 위쪽부터 상각부족의 땅이 시작되는데 저것도 너의 것이다. 이 모든 것이 너의 것이지만, 제일 중요한 것이 뭐지?"

"나누는 거요."

"그래, 나눠야 한다. 그래야 마을 사람들의 존경을 받을 것이다. 만일 네가 너무 욕심을 부리면 마을 사람들의 지지를 잃을 것이다."

상각부족이 지금과 같은 호혜적 관계를 언제까지 유지할지는 아무도 모른다. 다만 베풀수록 존경받고 나눠야만 지위를 유지하는 공동체의 지도자 빅맨이 있는 한, 공동체의 공생의 가치는 계속 이어질 것이다.

현대 자본주의의
빅맨

그렇다면 오늘날 현대 자본주의 사회에서 소득의 큰 몫을 가져가는 부유층은 빅맨과 같은 역할을 할 준비가 되어 있을까? 최소한 최근 30년간은 그 반대였던 것으로 보인다. 높은 소득을 거두는 부유층에게 적용되는 누진세율은 계속적으로 떨어졌으며, 이들과 이들의 이익을 대변하는 많은 경제학자들과 정치가 및 관료들은 기회가 있을 때마다 '경제를 살리기 위한 유일한 길은 세금 감면'이라 주장해 왔다. 누진세는커녕 아예 빈곤층, 중산층, 부유층 할 것 없이 단일세율flat tax rate을 매겨야 한다는 극단적인 주장까지 빈번한 것이 현재 미국의 모습이다.

이들의 주장은 분명한 논리를 갖고 있다. 먼저 이들은 가로축에 세율을 놓고 세로축에 조세 수입을 위치시켜 둘 사이 어떤 관계가 있는지를 살피는 래퍼 곡선Laffer's Curve을 상정한다. 여기서 세율이 0이라 가정하면 조세 수입도 0이 될 것이다. 다시 세율을 올리면 처음에는 조세 수입도 함께 늘어날 것이지만, 일정 세율을 넘어서면 과도한 세금 때문에 사람들이 더 많은 소득을 위해 열심히 일할 의욕을 잃게 되고 부유층도 가진 돈을 투자할 의욕을 잃게 된다. 이에 따라 경제 성장이 둔화되면 조세 수입 증가도 둔화될 것이며, 심지어 어느 지점부터는 세율을 올리면 조세 수입이 더 줄어들기까지 할 것이다. 결국 세율이 100퍼센트에 달하게 되면 아무도 일하거나 투자하지 않아 경제는 멈추게 되고 조세 수입은 0에 도달하고 말 것이다.

과도한 세율이 책정되면 하향점을 찍게 되므로, 세금을 지나치게 올리는 것은 경제도 망치고 재정 수입까지 피폐하게 하는 첩경이다. 따라서 세금을 내려 투자와 근로 의욕을 부추겨야 한다는 게 산 모양의 래퍼 곡선이 주는 메시지이다. 그래야만 경제 전체가 살아나 일자리도 늘어나고 경제적으로 풍요해져 결국 빈곤층도 여러 혜택을 입게 된다. 이른바 '낙수 효과 trickle down effect'이다.

최근까지 무수히 이뤄진 연구 결과, 래퍼 곡선이나 낙수 효과의 실제는 입증되지 않았고 오히려 그 반대가 진실에 가까웠다. 하지만 빅맨 이야기와 관련하여 주목해야 할 면은 따로 있다. 우선 이러한 사고방식은 '탐욕적 개인'으로 움직이는 현대 금융 자본주의의 핵심적 원리와 대립된다. '사회'가 나서서 가난한 이들을 돕는다며 세금을 걷는 것은 공연하고도 해로운 일이다. 사람들은 모두 '탐욕적 개인'이며, 그러한 본질을 십분 발휘하게 만들 때에야 비로소 사회 전체가 부흥하게 되어 있다. 따라서 세율을 괜히 올리기보다 이를 대폭 낮춰 이들의 탐욕에 불을 지르는 것이 합당하다. 그리고 부유층일수록 세율을 인하하여 더 많이 투자하도록 유도할 필요가 있다. 결국 금융 자본주의 사회에서 요구하는 지도층의 모습은 빅맨이 아니라 더 큰 욕심을 가진 '탐욕적 개인'이다.

그런데 여기에 누구도 부인하지 못할 엄연한 사실 하나가 도사리고 있다. 논리야 어찌되었든, 이로써 사회 전체의 자원은 소수의 사람들에게 집중되고 만다. 빅맨의 경우 자신에게 집중되는 물자를 지속적으로 사회에 푸는 것을 관심사로 삼았지만, 오늘날 부유층 혹은 투자가들의 관심사와 행태는 반대 방향을 지향하고 있다. 사회 전체가 나눠야 할 물자가 소수에게로 계속 집중될수록 다른 방향에서의 결핍이 발생하고, 점차 집중과 결핍은 가속화된다. 결국 사회 전체는 불평등의 심화라는 누적적 과정으로 들어설 수밖에 없다.

스웨덴의 기업가들

스웨덴을 위시한 북유럽 국가들은 전 세계 어디에서나 부러워하는 복지 시스템을 갖추고 있다. 그 재원은 높은 세율을 감당하는 기업과 부유층의 주머니에서 충당된다. 한때 부유층의 소득세가 80퍼센트를 상회하면서 《말괄량이 삐삐》의 동화작가 아스트리드 린드그렌Astrid Lindgren의 경우믿거나 말거나 100퍼센트를 넘는다는 소문이 생길 정도였다. 과연 이 나라 기업가들과 부유층은 자신들에게 억울하게 느껴질 수밖에 없는 체제, 즉 많은 세금을 바탕으로 한 복지국가 체제에 찬성했을까?

빅맨의 경우 자신에게 집중되는 물자를 지속적으로 사회에
푸는 것을 관심사로 삼았지만, 오늘날 부유층 혹은 투자가의
관심사와 행태는 **반대 방향을 지향**하고 있다.

이는 정치학에서 오랫동안 많은 이들의 흥미를 끈 질문이었다. 얼마 전까지는 노동계급을 중심으로 한 서민들의 정치적 압력 때문이라는 게 지배적 의견이었지만, 최근 이와는 다른 방향의 의견을 제시한 연구들도 속속 발표되었다. 그중 스웨덴 기업가들의 사고방식과 세계관 변화를 몇십 년간 추적한 연구가 눈에 띈다. SAF^{스웨덴 경영자 연합}의 공개 및 비공개 회의록부터 기업가 개인들의 비망록, 사적 노트 등 자료를 망라하여 1930년대에서 1950년대에 걸친 기간 동안 이들의 집단적 사고를 추적한 연구이다.

이 연구가 주장하는 바는 실로 흥미롭다. 스웨덴 기업가들 스스로가 복지국가라는 방향이 어쩔 수 없는 선택이자 장기적으로는 자신들에게도 이익임을 이해했다는 주장이 등장하기 때문이다. 즉, 사회적 불평등이 계속 심화되다 보면 사회 자체가 붕괴하게 되는데, 이는 무수한 사회 문제를 야기시키고 그 해결은 고스란히 사회 전체의 비용으로 돌아오게 된다. 그렇게 되면 빈곤층이 늘어나고 실업률이 계속 높아져 범죄율 또한 장기적으로 상승하게 된다. 범죄율이 올라가다 보면 경찰과 치안의 인적·물적 자원 확보 및 감옥과 여타 법 제도의 확충은 피할 수 없으며, 여기에는 큰돈이 들어갈 수밖에 없다. 빈곤으로 인해 사람들의 건강 보건 상태는 악화될 터이고, 높은 가격 때문에 병원과 보험을 이용할 수 없다 치면 이 또한 공공 의료 시설의 확충과 보험 보장성 확장 등 꼼짝없이 사회 전체의 비용으로 돌아올 수밖에 없는 상황을 낳는다. 그런데 이 돈은 어떻게 마련할 것인가? 사회 자원을 집중하고 있는 기업가와 부유층의 납세일 수밖에 없다. 결국 둘러치나 메치나 사회 파괴에 따른 사회적 비용은 누군가 지불할 수밖에 없으며, 사실상 자신들이 지불하는 것이 순리임을 기업가와 부유층이 서서히 공유했다는 관점이다.

필요한 사회적 비용을 계산하고 자신들에게서 돈을 걷어 그것을 집행하는 전체 과정은 자칫 격심한 사회적 갈등과 폭력으로 치달을 수도 있다. 또한 그것을 제대로 예측하고 통제할 수 없게 되면 기업의 입장에서는 대단히 곤란하고 위험한 상황으로 전개될 수 있다. 이를 감안해서, 당시 스웨덴 사회민주당이 진행하고 있던 일정한 사회적 합의에 근거한 평화로운 복지국가 건설 과정은 자신들에게도 가장 이익이 되는 선택일 것이란 생각이 이들 기업가와 부유층의 공감을 얻었다.

사회가 유지되기 위해서는 일정한 수준의 재분배가 반드시 이뤄져야 한다. 그 재분배를 행하는 빅맨은 아무나가 아니라 사회 전체 자원이 집중되어 있는 위치의 사람일 수밖에 없다. 만약 그 자리에 위치한 사람이 재분배의 임무를 방기한다면 공동체 전체의 유대가 흔들려 자칫 사회 자체가 무너질 수도 있다. 그때 최대의 피해자는 당연히 그 사회의 가장 큰 이익을 접하고 있는 사람일 수밖에 없다.

빅맨이 군이 이렇게까지 생각하며 행동하지는 않았을 것이다. 그저 그가 가지고 있는 공동체와 이웃에 대한 선의와 봉사 그리고 너그러움에 대한 명예와 인정에 대한 갈망이라는 큰 생각을 품었을 것이다. 한편 극심한 불평등과 사회 붕괴로 양차 대전과 파시즘, 공산주의 등의 위협을 직접 목도한 스웨덴 기업가들과 부유층은 빅맨의 위치에 있는 이로서 그 역할을 행하지 않으면 스스로 궁지에 몰리게 됨을 논리적으로 반추할 기회를 가졌음에 틀림없다.

20세기 중반의 스웨덴뿐만이 아니다. 2008년 금융 위기를 겪고 나자 '탐욕적 개인'의 마음의 고향이라고 할 미국에서조차 더 이상의 부의 양극화는 막아야 한다는 생각이 확산되기 시작한다. 중산층 이상의 계층에게 더 많은 세금을 걷어야 하며, 이것으로 여러 사회 정책을 펼쳐 재분배를 이루어야 한다는 주장이 정치적 힘으로도 나타나게 되었다. 요컨대, 미국의 국가와 지배층은 어느 정도라도 빅맨의 흉내를 내야겠다고 깨닫게 되었다.

공동체의 가치, 앞으로!

지난 2012년 9월 버락 오바마 대통령의 재선을 위한 선거 유세장에는 '앞으로 forward'라는 피켓을 든 사람들이 모여들었다. 아랄 넨과 그의 가족도 오바마의 선거 유세장에 함께했다. 넨은 아이들이 더 이상 돈 때문에 미래를 저당 잡히는 일이 없기를 바랐고, 넨의 아내 메리는 사람들의 목소리에 귀를 기울이는 지도자가 미국에도 분명 있을 것이라 믿었다.

그러나 오바마의 중산층 살리기 정책은 재선 1년 만에 위기에 봉착했다. 지난 2010년 3월 승인된 미국의 의료보험 개혁법안, 일명 '오바마 케어 Obama Care'의 시행을 둘러싸고 공화당과 민주당이 극심하게 대립했고, 이 대립은 2013년 10월 1일 연방정부의 '셧 다운 shut down'으로 이어졌다. 결국 양당의 극적 타결로 민영보험에만 의존하던 기존 건강보험 시스템을 바꾸고 전 국민의 건강보험 가입 의무화 정책이 시행되었으나, 그 전망은 여전히 불투명하다. 2014년 미국인의 절반 이상은 더 이상 미국이

"이 나라는 극소수만이 잘되면 성공하지 못합니다. 미국은
근로 가정이 잘될 때, 중산층이 잘될 때 성공합니다.
저의 반대자는 톱다운 경제를 신봉합니다.
야유하지 마시고, 투표하세요!"

중산층의 꿈의 나라가 아니라고 생각하며, 미국의 미래를 낙관조차 하지 않는다. 더 이상 팍스 아메리카나Pax Americana의 미국이 아니며, 미국의 세계 내 영향력이 점차 감소하고 있음을 이들은 실감하고 있다.

상각부족에서 빅맨이 존경받는 것은 자신의 몫을 남기지 않고 분배의 정의를 실현하기 때문이다. 빅맨은 나누는 것만이 공동체를 만들고 유지하고 풍요롭게 한다는 것을 잘 알고 있다. 빅맨에게 가장 중요한 것은 잘사는 사람을 더욱 잘살게 하는 것이 아니라, 공동체에서 생존을 위협받는 사람이 없도록 하는 데 있다.

이제 한 걸음 더 나아가, 분배의 정의를 실천하는 빅맨뿐만 아니라 그러한 빅맨을 존경하는 사람들이 있을 때 비로소 진정한 공동체적 가치가 실현된다는 것을 말하고자 한다. 베푸는 지도자를 선택하는 사람들에 의해 그러한 지도자가 탄생한다는 사실을 말이다. 그래서 이제 인간과 인간의 관계에서 공동체적 가치를 어떻게 구현할 수 있을지, 좀 더 탐구해 보려 한다.

최후의 선택 아로파

미국 상위 1%의 소득점유 비중

1913년 18% → 1980년 9% → 2003년 15% → 2008년 18% → 2012년 24%

CHAPTER 3 /

돈보다
꽃

이제까지는 '탐욕적 개인'이라는 현대 자본주의의 인간형이 르네상스 유럽 이후 어떻게 출현했는지를 살펴보았다. 그리고 '근대 계몽주의 사상의 자식'이라 불리운 미국 사회에서 19세기 말 이후 탐욕적 개인을 최고의 이상으로 삼는 문화가 어떻게 발현했으며, 21세기 오늘날 그 문화가 미국 자본주의를 얼마만 한 궁지로 몰아넣었는지 살펴보았다.

　그렇다면 '탐욕적 개인'이 지배하는 자본주의는 미국만의 유형일까. 몇백 년, 최소한 100년 이상의 문화적 변화를 겪고 난 뒤에야 나타나는 모습일까. 혹시 그러한 문화적·공간적 차이와 별 상관이 없는 것은 아닐까. 그래서 서반구이든 남반구이든, 신대륙이든 구대륙이든 사람 사는 곳 어디에서나 일단 '탐욕적 개인'의 자본주의가 나타나기 시작하면 순식간에 인간의 경제생활을 모두 지배하게 되는 것은 아닐까. '탐욕적 개인이 주

스스로의 이익은 스스로 챙기는 것, 그것이
인간 세상임을 수차례 체험하는 순간, '탐욕적 개인'이
지배하는 세상은 불과 한 세대 내에서도 얼마든지
만들어질 수 있다.

인 되는 세상'이라는 이상은 비록 유럽과 미국에서 잉태된 것이기는 하지만, 일단 단면이라도 드러나기만 하면 다른 문화와 문명에 이식되는 건 시간문제인 걸까.

이는 오랜 기간 수많은 사회과학자들의 논쟁 대상이었다. 한편으로 생각하면 '탐욕적 개인'이 지배하는 자본주의가 서양 바깥으로 수출되는 건 용이한 일이 아닐 듯하다. 인류는 몇백 년 전 서양을 제외하면 항상 그와 정반대의 원칙으로 경제생활을 조직해 온 경우가 더 많지 않았던가. 이렇게 오래된 전통과 문화가 속속들이 배어 있는 사람들의 생각을 단 한 세대만에 완전히 개조하여 '탐욕적 개인'을 추종하도록 만드는 일이 어디 쉽겠는가.

하지만 달리 생각해 보면 얼마든지 가능한 일일 듯하다. '탐욕적 개인'을 개인 행동 및 사고방식의 원리로 받아들이고, 나아가 사회 전체의 조직 원리로 수용하는 데에는 많은 것이 필요하지 않다. 다른 일체의 원리가 실생활에서 아무 힘도 발휘하지 못하며, 당장 자신과 그 가족의 삶의 문제를 전혀 해결해 주지 못한다는 몇 번의 경험이면 족하다. 친족 간 우

애라든가 친구 간 의리, 신^信에 대한 사랑, 심지어 공산주의 혁명에 대한 신념 등 인간이 경제 활동을 하도록 동기화하는 정신적·문화적 가치는 다종다양하며, 이런 것으로 사회 전체의 경제 활동을 조직할 수 있음도 물론이다. 그런데 사회 전체 분위기가 일변하여 누구도 이를 근거로 일하려 들지 않고 남에게 먹을 것을 나누려 하지 않는 황폐한 상황이 도래한 다고 가정해 보자. '스스로의 이익은 스스로 챙기는 것, 그것이 인간 세상'임을 수차례 체험하는 순간, '탐욕적 개인'이 지배하는 세상은 불과 한 세대 내에서도 얼마든지 만들어질 수 있다.

그러한 점에서 중국은 아주 흥미로운 실험실이라 할 수 있다. 중국 문명은 지리적·인종적·문화적으로 무한한 다양성을 그 특징으로 삼고 있는 바, 역사적으로 자본주의를 거스르는 문화적·정신적 전통을 지니고 있는 한편으로 송나라 때부터 고도로 발전한 상업과 자본주의적 사고방식이 깊숙이 침투해 있었다. 하지만 20세기 약 30년간 공산주의 혁명이란 이름하에 대규모의 집단적 '의식 개조'가 이뤄졌다. 1950년대 이른바 '대약진 운동'의 기간 내 중국은 경제 발전을 꾀함에 있어서 철저하게 집단적인 방식 가깝게는 마을 단위의 경제 조직, 멀게는 중앙정부의 경제 계획을 고집해 왔고, 이것이 실패했음이 판명된 1960년대 말 이후에는 이른바 '문화대혁명'이라는 극단적인 방식으로 몇억의 중국인들의 머리에서 일체 자본주의적 의식을 걷어 내는 작업이 행해지기도 했다.

1980년대 '개방' 이후 중국은 세계에서 가장 급속하게 성장하는 자본주의로 변모했다. 공산주의적 정신 개조에 '문화대혁명'이란 대홍수까지 쓸고 지나간 중국 땅에 '탐욕적 개인'의 자본주의를 이식하는 일은 가능할까. 지금까지의 모습으로 보자면 최소한 상하이와 베이징 등 대도시는 미국의 그 어떤 도시보다도 철저하게 화폐와 탐욕이 지배하는 첨단 자본주의로 바뀌는 데 성공했다.

상하이,
금융 자본주의의 부활

중국 여느 지역보다 20세기 초 금융 자본주의의 DNA가 강하게 남아 있는 상하이는 19세기 중반까지만 해도 대도시 난징^{南京} 근처의 작은 어촌에 불과했다. 그러다 서양 제국주의 세력이 양쯔강을 타고 중국 내륙으로 들어갈 수 있는 입구로서 그 지류인 황푸강 연변에 위치한 이곳을 조차지^{租借地}로 점찍으면서, 오늘날의 화려한 모습으로 변모하기 시작했다. 황푸강 가 소위 번드^{Bund} 지역에 늘어선 거대 서양식 빌딩들은 20세기 초 상하이가 서양 제국주의의 아시아 무역과 금융에 있어서 얼마나 중요한 위치를 점하고 있었는지를 보여 준다. 대부분 1910년에서 1920년대 즈음 세워진 이 빌딩들은 1920년대 이전 미국을 정점으로 한 세계 금융 자본주의가 남긴 흔적으로, 당시 시카고 빌딩들과 너무나 흡사하여 어느 구석에서라도 알 카포네가 기관총을 들고 나타날 것만 같다.

최후의 선택 아로파

금융 자본주의는 1930년대와 1940년대에 걸쳐 크게 쇠락하면서 이를 대신한 뉴딜, 파시즘, 사회민주주의 등 새로운 모습의 산업 체제에 자리를 내주었으니, 공산주의도 새로운 조류 중 하나였다. 때마침 중국 상하이에서 만개하던 금융 자본주의도 1940년대 공산혁명으로 사라진 바, 이 점에 있어서 미국과 중국 상하이의 금융 자본주의는 비슷한 시기 동일한 세계사 흐름 속에서 함께 퇴조 혹은 소멸했다고 말할 수 있다.

한편 미국의 금융 자본주의는 레이건 등 신자유주의를 앞세운 정치 세력에 의해 1980년대부터 본격적으로 부활했는데, 그것이 만들어 낸 지구화의 물결에 힘입어 상하이의 금융 자본주의도 다시 깨어났다. 그리고 부활한 상하이의 금융 자본주의는 강 저편 동방명주탑으로 밤마다 찬란하게 빛나고 있다.

중국의 '개혁개방' 물결은 시장 경제의 활성화와 함께 극심한 빈부 격차를 낳아, 2012년 중국의 상위 1퍼센트가 인민 전체 자산의 41퍼센트를 보유하게 되었다. 2012년 〈후룬 부자 보고서〉에 따르면, 1,000만 위안_약 _{18억 원} 이상의 자산을 보유한 부자는 102만 명에 달하고 이들의 평균연령은 39세에 불과했다. 최근 30년 사이 소위 '벼락부자'가 급증했음을 알 수 있는 수치이다. 게다가 중국의 2011년 소비액은 126억 달러로, 현재 호화 사치품 구매국 세계 1위를 점하며 전 세계 사치품 시장의 28퍼센트를 소비하고 있다. 13억 5,000만 명의 인구 세계 1위의 중국은 극소수 부자와 대다수 가난한 사람들이 극과 극의 삶을 살고 있는 나라가 되었다.

한 달에 우리 돈으로 5,000만 원 안팎의 비용이 드는 상하이의 고급 산후조리원은 몇 달 전에 예약하지 않으면 자리를 구하기 힘들 정도로 인기가 드높다. 그 비결은 최고의 서비스 제공으로, 아기는 태어나면서부터 전문가들의 능숙한 손길 아래 최고의 대접을 받을 뿐만 아니라 산모 또한 출산부터 퇴원에 이르기까지 손끝 하나 사용하지 않아도 될 만큼 세심하게 배려받는다.

"이곳은 아기를 돌봐야 하는 걱정이 없어요. 전문 보모가 있으니 제가 아기 옆에 없어도 별 문제가 없어요." ―라우징, 35세 산모

한편, 두 달 전 저장성에서 상하이로 이주한 메이앙은 상하이 소재 인력소개소를 찾아 나섰다.

"집안 사정이 좋지 않아 살림에 힘을 보태려고 이곳에 왔어요. 남편도 타지에서 막노동으로 돈을 벌고 있죠. 경기가 워낙 좋지 않으니 변변치 않은 남편 수입만으로는 살 수가 없답니다." ―메이앙

취업을 위해 고향을 떠난 22세 메이앙. 도시와 농촌의 소득 차이가 12배에 달하며 빈곤 인구의 90퍼센트가 농촌에 거주하는 중국 인민의 현주소다. 중국에서 농촌의 빈곤을 피해 도시로 이주한, '농민공'이라 불리는 사람들은 약 2억 명에 달하며 메이앙 또한 그들 중 한 사람으로 이제 막 상하이에 당도했다. 하지만 그녀는 당장이라도 돈벌이에 나서지 않으면

상하이의 고급 산후조리원은 몇 달 전에 예약하지 않으면 자리를 구하기 힘들 정도로
인기가 드높다. 상하이에서 돈은 생존의 가장 일차적 관계에서 오가는 선물마저
대체해 버렸다. 자식을 키우려고 젖을 팔아야만 하는 엄마,
자식에게 주려고 돈으로 젖을 사는 엄마. **돈의 제국**이
만들어낸 진실은 불편했다.

내일 먹고살 것조차 막막한 생활고에 시달려야 했다.

마침 얼마 전에 아이를 낳은 메이앙은 모유를 팔기로 했다. 가짜 분유 사건 이후 중국에서는 모유를 찾는 가정이 부쩍 늘어났기 때문이다. 메이앙은 갓 태어난 아이를 키우기 위해 무슨 일이라도 해야만 하는 처지여서 대리수유모라도 마다하지 않았다. 메이앙은 인력소개소에서 대리수유모 일을 위한 면접 중 탈의실로 들어간 뒤 자신의 모유를 컵에 담아 나왔다. 대리수유모는 메이앙이 월 150만 원을 벌 수 있는 쉽지 않은 기회다. 하지만 대리수유모 일이 성사되면 메이앙은 자신의 아이와 떨어져 지내야만 한다.

"그 사모님 댁 아이는 아직 태어나지 않았어요. 월요일이 예정일이죠. 그런데 본인이 직접 젖을 물릴 생각이 없는 거지. 아예 젖 먹일 생각이 없어요, 돈이 많으니까. 그래도 보안은 꼭 유지해야 돼요. 어제도 그 집을 방문했는데, 대리수유모가 상주하길 바라더라고요." ―인력소개소 중개업자

한편에는 자식을 키우려고 모유를 파는 엄마가 있고, 다른 한편에는 대리수유모를 들여 제 자식에게 모유를 사 먹이는 엄마가 엄연히 존재하는 중국. 부잣집에서 태어난 아기는 나자마자 돈의 보살핌과 돈의 변신으로서의 모유를 얻는 셈이고, 대리수유모가 낳은 아기는 돈 때문에 엄마의 보살핌으로부터 떨어져 결핍을 겪는다. 지금 상하이에서 돈은 생존의 가장 일차적 관계에서 오가는 '선물'마저 대체해 버렸다.

상하이 드림

6년 전 상하이로 온 위첸웬의 고향은 중국 서북부 사막에 위치한 핑량이다. 첸웬은 '잘 살아보겠다'는 꿈을 안고 상하이에 입성했다. 상하이 젊은이들의 절반 이상은 첸웬처럼 상하이 드림을 안고 이주한 외지인들이다. 상하이 전체 인구의 40퍼센트가 외지인이며, 20~34세 인구로만 보면 60퍼센트가 외지인이다. 그래서 상하이의 인구밀도는 중국 타 지역의 평균적인 인구밀도보다 20배 이상 높다. 이렇듯 타지 사람들이 상하이를 찾는 가장 큰 이유는 오로지 '일자리'를 얻기 위해서이다. 상하이는 타지보다 일할 기회도 많고 월급 액수도 높다. 그러나 상하이의 높은 물가로 인해 외지인 상당수는 빈곤을 벗어나지 못한다.

중국에서는 첸웬과 같이 1980년대에 태어난 신세대를 '빠링허우八零后'라 부른다. '개혁개방' 이후 30여 년이 지난 중국은 그 어떤 자본주의 국가보다 빠른 성장을 일궈 냈고, 당시 한 가구 한 자녀 정책하에 태어난 빠링허우는 중국의 고도 경제 성장을 두 눈으로 목격하며 자란 세대다. 고소득자가 많고 유행에 민감한 이들 세대는 중국의 개혁개방을 상징하기도 한다. 반면 고도성장의 음지에는 실업 상태의 수많은 젊은이들이 있다. 중국에서 부의 양극화는 심화일로이기 때문이다. 돈을 벌기 위해 무작정 찾았던 상하이는 첸웬에게 너무나 차가운 도시였고, 이제 그녀는 길을 잃어버린 채 도시 미아가 되고 말았다.

첸웬의 숙소에는 다섯 명이 함께 생활하고 있다. 그녀는 사촌동생과 방한 칸을 나눠 쓰고 있는데, 직장생활 6년차인 그녀조차 상하이의 높은 물

중국은 **자본이 지배하는 소비의 시대**를 지나고 있다.
특히 상하이는 소비의 중심 도시로 급부상했다. 안타깝게도
도시의 경관이 화려해지고 사치재의 소비 규모가 커지는 상하이라 해도,
그곳 가난한 외지인의 경제적 어려움까지 동시에 개선되는 것은 아니다.

최후의 선택 아로파

가로 하루하루 살아가기란 버거울 따름이고 여유로운 소비생활은 더더욱 꿈도 꾸지 못할 일이다. 상하이에서 생활하려면 한 달에 최소 약 160만 원의 생활비가 필요하다지만, 첸웬의 월급은 100만 원에도 미치지 못한다. 그래서 첸웬은 한 달에 1,200위안22만원을 월세로 내고 나머지 돈으로 생활하며 늘 생활고에 시달린다. 첸웬은 점심 식비라도 아낄 요량으로 도시락을 준비해 다니는데, 도시락 반찬은 별도로 마련하지 않고 아침에 먹다 남은 것으로 때운다.

첸웬은 성형외과에서 일한다. 상하이에서도 고급스럽기로 유명한 이 병원에서 그녀는 VIP를 담당하는 간호사이다. 첸웬의 고객들은 그녀 월급의 몇 배씩 되는 돈을 거리낌 없이 지불하는 여성들로, 첸웬은 이들을 상대하며 하루속히 상담실장이 되어 성과급을 받는 게 소원이다. 성형외과 상담실장은 일반 간호사에 비해 훨씬 많은 돈을 벌 수 있을 뿐만 아니라 성과에 따라 전문직 못지않은 수입을 거둘 수 있기 때문이다. 물론 첸웬도 자신의 고객들처럼 외모를 가꾸며 살고 싶다. 상하이에서 여자가 외모를 가꾸는 일은 단순한 사치가 아닌, 미래를 위한 투자이다.

첸웬의 성형외과 단골 고객인 레이난은 요트를 파는 마케팅 매니저이다. 레이난의 주 고객은 '부자클럽' 회원들로, 그녀가 파는 요트 가격은 우리 돈으로 약 14억 원을 호가한다. 그녀는 자신에게서 요트를 사간 사람들을 관리하기 위해 파티를 연다. 그녀의 영업 방침상 파티는 고객에 대한 접대가 아니라 친분 유지를 위한 것이다. 부자를 상대하는 그녀는 모든 소비 수준을 고객의 생활 수준에 맞춘다. 그녀가 고객과의 파티를 위해 빌린 식당은 회원제로 운영되는 곳으로, 저녁식사 한 끼에 대략 150만 원이 든다. 물론 그녀의 고객들에게 이것은 그다지 비싼 음식이 아니다. 그녀는 저녁 파티를 마친 후 고급 나이트클럽으로 향하는데, 이 또한 고객 관리의 일환으로서 나이트클럽 테이블 하나를 대여하는 데에만 약 200만 원의 비용을 지불한다.

이들 삶의 방향이 지시하듯, 지금 중국은 자본이 지배하는 소비의 시대를 지나고 있다. 세계의 돈이 중국으로 몰려들며 소비의 욕망을 부추기고 아낌없이 분출시키고 있다. 특히 상하이는 소비의 중심 도시로 급부상했다. 안타깝게도 도시의 경관이 화려해지고 사치재의 소비 규모가 커지는 상하이라 해도, 가난한 외지인의 경제적 어려움까지 동시에 개선되는 것은 아니다.

첸웬은 화려한 상하이의 소비 세계를 욕망하면 할수록 더욱 큰 상실감을 느낀다. 먹고살 일에 급급한 것이 첸웬과 같은 직업 여성의 실상이다. 중국 여성의 취업률은 세계 최고인 71퍼센트인 반면, 여성의 소득은 남성 소득의 67퍼센트에 불과하다. 중국에서 20대 여성의 경제적 자립은 여전히 극소수에게만 해당되는 일이다.

상하이 부자 맞선 프로그램

한 모녀가 상하이 중심가에 위치한 어느 카페를 찾았다. 카페에 모여든 이들은 한결같이 잘 차려입은 젊은 여성들로, '맞선 면접'을 기다리고 있다. 맞선이라 해도 아무나 나설 수 있는 게 아니며, 시험을 치르듯 몇 단계의 면접을 통과한 여성만이 참여할 수 있다. 맞선 상대가 평범한 남자들이 아닌 백만장자라는 게 그 이유이다. 이곳에 온 여성들은 232 대 1이라는 높은 경쟁률을 뚫어야만 비로소 맞선 장소에 나갈 수 있다. 이들에게 맞선 면접은 입시나 취업 시험과 매한가지다.

첫 번째 기준은 키 160센티미터 이상의, 말 그대로 용모 단정한 여성이다. 참가자들 대부분은 화려한 경력의 직장 여성들로, 외모 심사는 성형외과 전문의와 관상 전문가가 담당한다. 치열한 경쟁률만큼이나 엄격한 심사가 이어지는데, 면접장 한편에서는 바느질에 열중하는 여성들도 보인다. 이 또한 시험의 일부인데, 이곳에서 원하는 우수한 여성의 최우선 조건은 학력이나 경력 같은 이력보다 남자를 잘 보필할 수 있는 능력이기 때문이다. 면접에는 거짓말 탐지기까지 동원된다. 서류만으로 알 수 없는 참가자의 과거사로부터 시시콜콜한 사적 사항을 알아내려는 질의응답이 오가고, 이때 면접 대상자의 '진실'을 가려내는 데 거짓말 탐지기가 요긴하게 쓰인다.

첸웬도 대기자들 틈에서 면접을 기다리는 중이다. 첸웬은 '싱글 파티'라는 광고를 보고 큰 규모의 맞선이리라 생각했지 이렇듯 몇 차례의 면접을 치러야 한다는 것은 예상치도 못했다.

"병원에서 일한다고요?" / "네, VIP를 상대합니다."

"주요 업무는요?" / "고객들을 관리합니다."

"기본적인 집안일을 할 수 있는지 몇몇 사항을 테스트합니다. 옷 입는 걸 도와준다거나 집안일 등을요. 잘 모르시면, 저쪽에 앉아서 보세요.”

첸웬은 ‘억만장자’를 만나기 위해 어째서 단추를 달고 넥타이를 매는 테스트를 거쳐야만 하는지 이해할 수 없다. 열일곱 살 때부터 혼자 살았던 첸웬에게 바느질은 그다지 어려운 일이 아니지만, 맞선을 보기 위해 바느질 시험을 치르는 건 생전 처음이다. 결국 그녀는 ‘맞선 면접’을 중도에 그만두었다. 첸웬은 경제적 안정이 보장된 결혼을 꿈꾸는 가난한 젊은 여성이라면 무엇보다도 자신을 잘 포장된 상품으로 만드는 것을 기꺼이 받아들여야 함을 뒤늦게야 깨달았다.

“마치 정육점에서 팔려 나가기를 기다리고 있는 돼지고기가 된 느낌이에요. 어느 고기가 육질이 좋고, 어느 고기가 색깔이 좋은지. 이런 방법으로 남자를 만나는 것은 저와 맞지 않아요.”-위첸웬

현대판 신데렐라

7년 전 후베이성을 떠나 상하이로 온 쭌리 또한 부자 맞선 프로그램을 신청한 여성 중 한 명이다. 그녀의 나이는 33세, 면접에 참가한 다른 여성들에 비해 나이가 많은 편이다. 그녀는 이런 면접이 처음이 아니다. 그녀는 이미 다양한 결혼정보업체들이 내놓는 맞선 이벤트에 몇 차례 지원한 적이 있다. 그러나 나이 때문에 단 한 번도 면접을 통과하지 못했다.

쭌리는 상하이로 왔던 7년 전으로 다시 돌아가고 싶지는 않다. 네다섯

높은 물가와 치솟는 집값으로 중국 여성들은 결혼의 첫 번째 조건으로
집 있는 남자를 꼽는다. 중국의 젊고 화려한 외모의 미혼 여성들은
부자와의 결혼을 통해 경제적으로 어려운 생활에서 벗어나기를 바란다.

명이 한방에서 살던 몇 년 전의 생활에 비하면 혼자 원룸에 사는 지금 생활은 꽤 안정된 편이다. 혼자 밥을 먹는 것도 이젠 익숙한 일상이다. 쭌리는 잡지사 미술 편집 일을 한다. 그녀가 만든 잡지 속에는 그녀가 가질 수 없는 세계들이 펼쳐져 있다. 7년간 상하이 생활에서 그녀가 깨달은 것은 상하이에는 상상 이상의 부자가 존재한다는 사실, 그리고 자신의 힘으로는 절대 그 부를 얻을 수 없다는 사실이다.

중국은 세계에서도 집값이 가장 빠르게 상승한 나라이다. 2006년에서 2011년 사이 중국의 부동산 가격은 110.9퍼센트 상승했다. 1998년부터 꾸준히 오른 집값은 여전히 상승 중이다. 쭌리와 같은 평범한 직장인에게 상하이의 아파트는 엄두도 내지 못하는 '꿈의 궁전'인데, 부동산에 매물로 나온 상하이 근교의 호화 주택은 30억 원을 넘는 고가다.

지난 2009년, 달팽이집이라는 뜻의 '워쥐蝸居'라는 유행어가 중국 사회를 뜨겁게 달구었다. 천정부지로 오른 집값 때문에 더 좁은 곳으로 옮겨 갈 수밖에 없는 서민들의 현실을 반영하는 달팽이집 워쥐는 그들의 좁고 궁핍한 주거환경의 대명사가 됐다. 2009년 중국에서 방영된 드라마 〈워쥐〉는 서민들의 '내 집 마련의 고충'뿐만 아니라 부동산 개발을 둘러싼 관료들의 부정부패를 현실적으로 그려 수많은 중국인들의 공감을 자아냈고, 지금까지도 회자되고 있다.

'세계의 공장'인 중국이 제조업으로 벌어들인 돈은 전국 부동산으로 향했고, 집값은 고공행진했다. 이에 지방정부도 가세했으니, 지방정부 재정에서 토지사용권을 매각한 수입이 절반을 차지할 정도로 부동산 개발은 지방정부의 주요 수입원을 차지했다. 부동산 거품을 우려하는 분위기 속에서도 100억 원이 넘는 상하이 별장촌의 3분의 2는 이미 분양을 끝냈고, 그 별장을 구입한 사람들 상당수는 20~30대 젊은 부자들이었다.

높은 물가와 치솟는 집값으로 중국 여성들은 결혼의 첫 번째 조건으로 '집 있는 남자'를 꼽는다. 중국의 젊고 화려한 외모의 미혼 여성들은 부자와의 결혼을 통해 경제적으로 어려운 생활에서 벗어나기를 바란다. 그래서 쭌리는 부자 맞선 이벤트와 같은 싱글 파티를 찾아다닌다. 부자가 되기 위해서는 부자를 만나는 수밖에 없다는 것을 그녀는 잘 알고 있기 때문이다.

드디어 쭌리는 부자 맞선 프로그램의 면접을 통과했다. 맞선 장소로 향하는 쭌리는 부자 남자의 선택을 받기 위해 만반의 준비를 다하기로 한다. 맞선 파티에서는 쭌리와 같은 여성들이 부자 남자의 선택을 받기 위해 제각기 갈고닦은 장기를 선보일 것이다. 쭌리 또한 대학 때부터 배워 장기가 된 라틴 댄스를 선보일 작정이다. 건강한 여성으로서의 성적 매력을 한껏 보여 주겠다는 생각에서이다.

쭌리는 파티 시간보다 한참 이른 시간에 맞선 장소에 도착했다. 대기실에는 그녀보다 먼저 도착한 다른 참가자가 있다. 난징에서 온 20대 초반의 여성이다. 여성 참가자들은 자기소개 등 준비할 것이 많다. 마치 직장에서 프레젠테이션을 하듯 여성적 매력을 전달하기 위해 다양한 것들을 선보여야 한다. 맞선은 상하이에서도 꿈의 장소로 불리는 식당에서 진행되었다. 황푸강이 내려다보이는 상하이 최고의 전망을 가진 식당이다. 이

맞선 장소는 여성 참가자들에게 신데렐라가 유리구두를 신고 왕자와 춤을 추었던 연회장으로 여겨질 터이다.

파티가 시작되면 신데렐라를 꿈꾸는 모든 참가자들이 자신의 모든 것을 보여 주기 위해 최선을 다한다. 쭌리는 사람들의 무리를 옮겨 다니고, 그녀가 가는 곳에는 웃음과 대화가 끊이질 않는다. 파티가 끝날 즈음, 쭌리는 한 무리의 사람들과 함께 파티장을 빠져나왔다. 이번에는 장소를 옮겨 파티를 이어 가려 한다. 쭌리의 맞선은 다이아몬드 반지와 순정 사이에서 방황하는 신파극도 아니고, 언제나 해피엔딩으로 끝나는 로맨틱 드라마도 아니다. 쭌리는 자신의 미래를 위해 전쟁 중이라고 말한다.

그러나 돈을 좇는 자는 돈을 가진 자에 비해 불리한 처지일 수밖에 없다. 이 전쟁에서 승자는 그 누구도 아닌 돈이기 때문이다. 결국 쭌리는 이번에도 부자 남자의 선택을 받지 못했다. 누군가의 배웅도 없이 홀로 집으로 향하는 쭌리의 신데렐라 동화는 쓸쓸하게 끝나고 말았다. 그러나 쭌리는 안정된 미래를 위한 이 전쟁을 멈출 수가 없다.

자본주의에서의 결혼

결혼을 통한 신분 상승이라는 신데렐라적 꿈을 좇는 쭌리 같은 여성들이 많다는 건, 역설적이게도 중국 자본주의가 아직은 '젊다' 혹은 '설익었다'는 증거이다. '완숙한mature' 자본주의에서 결혼은 결코 한쪽이 크게 기우는 남녀관계에서 생겨나지 않으며, 분명히 주고받을 게 있는 상관관계에서만 벌어지는 모종의 '등가교환'이다. 정확하게는 '기업 합병'과 같은

최후의 선택 아로파

양상을 띠는 경우가 많다.

결혼으로 새로운 세대가 태어나고 혈족이 증가하는 것은 집단 전체의 생존 확률도 그만큼 높아지는 바여서 수렵·어로·채집생활을 하던 구석기인들에게 분명 축복이었을 것이다. 이는 농경과 목축이 본격적으로 시작된 신석기혁명 이후에도 한동안 마찬가지였다. 그런데 세대가 더해 가면서 후손의 수가 늘어나는 것은 부와 권력의 집중이란 점에서 상당한 위험을 내포하고 있었다. 무릇 부와 권력은 덩어리로 뭉쳐야만 큰 힘을 발휘할 수 있고, 이렇게 큰 힘이 있어야만 더 많은 부와 권력을 축적해 나갈 수 있다. 또 그래야만 오랜 안정성을 확보할 수 있다. 따라서 부와 권력의 입장에서 보자면, 대를 물려 여러 명의 자손에게 머릿수대로 나눠 주는 단순한 상속은 몇 대 못 가 집안 전체를 몰락시킬 위험을 안고 있었다.

서로마제국을 무너뜨리고 그 땅 위에 무수히 많은 왕국을 세웠던 게르만족 나라들이 순식간에 사라진 것도 그 한 예이다. 부자 상속이 아니라 형제 상속을 원칙으로 삼았던 게르만인들의 관습에 따라 정복자 왕이 죽기만 하면 그다음에는 나라가 분리되고 형제 간 싸움이 벌어지곤 했다. 카를 대제가 재건한 새로운 로마제국 또한 그 운명을 벗어나지 못했다. 이후 장자 상속primogeniture이 서서히 규범으로 자리 잡게 되었으며, 영국처럼 땅이 한정되어 있는 곳에서는 작은 지주들이 죽을 때 재산을 모조리 첫 아들에게 물려주는 한사 상속entailment이 자리 잡게 된다.

따라서 결혼은 아주 예민한 문제가 되었다. 일정 몫을 떼어 주어야 할 자손들이 가난뱅이 집의 아들이나 딸을 사위나 며느리로 데리고 올 경우

우후죽순 생겨나고 있는 아직 미혼인 중국의 신흥 부자들은
그나마 '낭만'을 품고 있는 세대들인지도 모른다. 비록 '유리구두'는
없어도 쮠리 같은 여성들이 여전히 **신데렐라의 꿈**을
꿀 수 있는 것도 이러한 여지 때문이다.

집안 전체의 부와 권력이라는 관점에서 축적되어 있는 '자본'이 감소하는 심각한 문제가 된다. 그래서 아주 높은 위치의 권력자 가문의 경우 근친혼incest까지 발견된다. 고대 오리엔트 세계에서 스스로를 가장 고귀한 존재라 여겼던 이집트 왕국의 경우 '신성한 혈통을 보존하기 위해' 왕이 될 자가 여동생, 심지어 딸까지도 아내로 취하는 경우가 많았다.

사막으로 둘러싸여 지정학적 안정성을 가진 이집트 왕국은 명멸과 부침이 변화무쌍했던 메소포타미아 등지의 제국 및 왕조와 달리 수백 년, 수천 년의 연속성을 가지고 있었기 때문에, 이집트 왕족은 다른 나라의 왕족을 자기들과 동등한 자들로 여기지 않았다. 이러한 관습은 알렉산더 정복 이후 세워진 프톨레마이오스 왕조까지 지속되었다. 이 왕조의 마지막 여왕 클레오파트라도 본래 자신의 남동생인 프톨레마이오스 13세의 아내였다. 이렇게까지 직접적인 근친혼은 아니지만, 19세기 이후 유럽 세계에서 전설적인 부와 권력의 대명사였던 금융가 로트쉴트, 즉 로스차일드 가문에서 사촌 간 결혼이 빈번했던 것도 이와 비슷한 맥락으로 이해하는 사람들이 많다.

19세기 말 미국 자본주의에 나타난 '날강도 귀족들'인 록펠러, 카네기, 반더빌트 등 내사본가들도 비슷한 고민을 인고 있었다. 꽤 영향력 있는 은행가 집안이었던 모건 정도를 제외하면 이들 대부분이 가난한 집안에서 태어나 스스로의 힘으로 재산을 일군 자수성가형 부자들이었다. 따라서 집안 분위기도 오래된 지배 엘리트 특유의 결혼에 익숙지 않았다. 그 결과 록펠러 집안 누군가의 표현대로, 이들의 철모르는 자식들은 "사랑

특유의 민주주의적 변덕"에 휘둘릴 위험을 크게 안고 있었다. 젊은 혈기에 외모 좋고 매력적인 이성이라면 출신 배경이고 뭐고 따지지 않고 누구와도 사랑에 빠져 결혼하겠다 날뛸 위험 말이다. 심지어 저 유복한 은행가 집안 출신으로 훗날 미국 최고의 자본가가 되는 존 피어폰트 모건^{John Pierpont Morgan}조차, 젊은 시절 한때 폐결핵까지 앓고 있던 연상에게 이끌려 분별없이 결혼식을 올리지 않았던가.

20세기 들어서면서 '날강도 귀족들'은 자식들의 혼사를 "사랑 특유의 민주주의적 변덕"으로부터 보호할 만한 질서를 만들어 나갔다. 그 질서는 기업 합병과 흡사한데, 한쪽이 가지고 있는 부와 권력 그리고 다른 쪽이 가지고 있는 부와 권력이 합쳐졌을 때 발생할 시너지로 양쪽 모두의 부와 권력, 즉 주가 상승을 의도한다는 점에서 그러했다.

20세기 초 미국의 부와 권력을 모두 거머쥔 가문은 전면에 나서서 기업 합병을 이루는 데 몰두했다. 프랑스 인류학자 레비스트로스^{Claude Levi-Strauss}가 '여자의 유통', 즉 통혼이 지배층 가문 사이 인적 네트워크를 형성하는 데 핵심적이라 말할 정도였다. 일본에서는 '규벌^{閨閥}', 즉 통혼관계로 첩첩이 맺어진 지배 엘리트 집합체라는 말이 오랫동안 쓰였다.

급속한 자본주의의 성장은 불과 반세기도 되지 않아 중국을 미국과 비견되는 경제 대국으로 만들었다. 하지만 부와 권력의 독점 혹은 '집중도'라는 점에서는 아직도 가야 할 길이 먼 '젊은' 자본주의라는 분석이 지배적이다. 일부 당 관료들 및 그 자식 세대, 또 공공 부문을 중심으로 이뤄진 소수의 무리들에게 엄청난 권력과 부가 편중되어 있음은 잘 알려진 사실이지만, 방대하게 펼쳐진 중국 대륙 곳곳에서 이들의 영향력을 이탈하여 힘차게 뻗어 나가는 사업가들도 종종 발견할 수 있다.

우후죽순 생겨나고 있는 아직 미혼인 중국의 신흥 부자들은 그나마 '낭만'을 품고 있는 세대들인지도 모른다. 만들어진 만남이라고 해도 거기에서 계속해서 새로운 얼굴을 만나려는 이들에게는 '자기 마음에 꼭 드는 누군가'를 만날지도 모른다는 최소한의 기대감이 아직 남아 있을 터이다. 비록 '유리구두'는 없어도 쭌리 같은 여성들이 여전히 신데렐라의 꿈을 꿀 수 있는 것도 이러한 여지 때문이다. 물론 중국 자본주의가 미국이나 유럽만큼 '완숙'하여 부와 권력의 구조가 탄탄하게 소수 지배층을 정점으로 독점되고 나면 아마 이러한 낭만은 신기루처럼 사라질 성싶다.

라다크 브록파의
공동체 생활

        라다크의 브록파 마을은 영하 20도의 겨울이 8개월간 지속되는 거칠고 고립된 히말라야에 위치한다. '브록brok'은 '높은 초원지대'를 뜻하는 말로, '브록파brokpa'는 이곳 고지대에 사는 사람들을 가리킨다. 이들 브록파는 고도 3,500미터 이상의 산악지대에 위치하여 희박한 산소와 매우 낮은 강수량이란 척박한 환경에 적합한 생활양식을 만들어 왔다.

    브록파는 인더스강 상류 유역의 발티스탄Baltistan 문화권에 속한다. 이들 지역은 대개 발티Balti어를 사용하나, 브록파는 시나Shina어를 사용한다. 발티스탄 문화권에서 발티어를 사용하는 종족은 다수를 이루고 시나어를 사용하는 종족은 소수에 불과하다. 브록파라는 명칭 또한 발티어를 사용하는 사람들이 명명한 것으로, 브록파 사람들이 사용하는 언어는 발티어로 브록스카트Brokskat라고 한다.

라다크인은 아리아인의 후손들로, 전통적으로 여성은 곡물을 재배하고 남성은 유목에 종사해 왔다. 그중에서도 브록파는 티베트와 지리적으로 인접하여 불교를 신봉하면서도 아리아인의 토속적 민간신앙을 동시에 간직하고 있다. 그리하여 브록파는 지금까지도 출산, 결혼, 죽음의 의례를 중요한 사회의식으로 전승하고 있다.

히말라야의 짧은 여름은 브록파의 가장 바쁜 계절로, 막바지 살구 수확을 끝낸 브록파 여인들은 살구를 말리기 위해 마을에서 가장 높은 앙모의 집 옥상에 모여들었다. 햇볕이 좋을 때 살구를 말려야 한 해 농사를 잘 마무리 지을 수 있다. 살구는 브록파에서 단순한 과일 이상의 특별한 의미를 갖는데, 한때 히말라야 살구는 티베트의 캐시미어와 교환 가능한 품목일 정도였다. 주로 말리거나 기름을 짜서 도시에 내다 파는 살구는 자급자족을 위한 것이 아닌 상품화를 목적으로 생산되며 브록파에서 화폐로 교환 가능한 유일한 과일이다. 브록파는 살구를 팔아 얻은 돈으로 교육비를 지출하거나 도시 공산품을 구입한다. 이처럼 살구는 브록파와 바깥 세계를 연결하는 중요한 매개체이다.

브록파 마을에서 시누이와 올케 사이인 소남과 앙모는 어릴 때부터 같이 자랐다. 이들은 고등학교를 졸업한 후 마을로 돌아와 농사일을 해왔다. 지리적으로 인도에 속하며 파키스탄 국경에 인접한 브록파 마을의 젊은 남자들은 대부분 외지에서 군인으로 지내는데, 소남의 남편도 군인이어서 1년에 두어 달 정도 함께 지낼 수 있는 형편이다. 소남이 남편과 연락을 취할 수 있는 유일한 장소는 마을에서 가장 고도가 높은 언덕이다. 이곳은 마을에서 유일하게 휴대전화 전파가 잡히는 곳이어서, 소남은 이리저리 자리를 옮겨 가며 남편과의 통화를 시도한다.

한편, 연강수량이 100밀리미터에도 미치지 않는 브록파에서 비가 내리는 날이면 마을 사람들은 누구랄 것도 없이 수로를 청소하기 위해 모여든다. 2킬로미터에 달하는 마을의 수로는 2주에 한 번씩 다 같이 모여 청소를 해야 한다. 일단 사람들이 수로변에 자리를 잡으면 누가 먼저랄 것도 없이 여기저기서 흥겨운 노랫가락이 터져 나온다. 물은 윗마을에서 아랫마을까지 공평하게 흐르기 때문에 수로 청소는 마을에서 가장 중요한 행사 중 하나로 꼽힌다.

브록파의 꽃

브록파의 여인들은 아침이면 가장 깨끗한 꽃으로 단장하고 하루를 맞이한다. 꽃은 브록파에서 중요한 의미를 갖는데, 브록파 사람들은 모든 것에 대해 신에게 감사하며 그 징표로 꽃을 머리에 장식한다. 신에게 바치는 꽃의 의미는 부모가 아이에게, 그 아이가 부모가 되어 자신의 아이에게 대대로 전해져 왔다.

영국의 인류학자 잭 구디 Jack Goody 는 《꽃의 문화 The culture of flowers》에서 세상 어디에도 꽃이 없는 곳이 없듯이 지역에 따라 다양한 꽃의 문화가 존재한다고 말한다. 그리고 꽃은 비실용적이고 미학적인 본성상 인류의 물질세계가 아닌 정신세계와 밀접하게 관련되어 왔다고도 말한다. 특히 종교에서 꽃은 피의 제물을 대신하여 신에게 바치는 살아 있는 자의 헌신을

브록파는 티베트와 지리적으로 인접하여 불교를 신봉하면서도
아리아인의 토속적 민간신앙을 동시에 간직하고 있다. 브록파는
지금까지도 출산, 결혼, 죽음의 의례를 중요한 사회의식으로 전승하고 있다.

상징한다. 즉, 신에게 바치는 꽃은 '죽음'이 아니라 '살아 있음'으로써 자아를 바치겠다는 의미이다. 꽃은 단지 신의 노여움을 풀기 위해 찬양하거나 신의 축복을 얻기 위해 비위를 맞추는 겉치레가 아니며, 신에 대한 사랑과 존경의 실천을 의미한다.

브록파에서도 사람과 사람 사이에 주고받는 꽃은 인간관계가 신과의 약속으로 이어짐을 의미한다. 브록파에서 빨간 꽃은 사랑하는 사람에게 건네는 꽃이고, 하얀 꽃은 가족에게 주는 꽃이다. 빨간 꽃은 사랑을, 하얀 꽃은 순결을 뜻한다는 보편적인 꽃 색깔의 상징 체계로부터 브록파의 꽃은 신에게 연인 혹은 가족의 인연을 맺어 주어 감사하다는 의미를 담고 있다. 이로써 브록파의 인간관계는 신이 맺어 주는 성스러운 것이 된다.

그런데 꽃의 비실용적인 측면에서, 즉 먹을 수도 없고 먹는다 해서 배를 채울 수도 없으며 집을 지을 수도 없고 옷으로 해 입을 수도 없는 속성 때문에 꽃은 근대 문명에서 사치의 개념과 연결되어 왔다. 꽃을 꺾어 버리면 열매를 맺을 수 없으므로, 꽃은 그 자체가 생계를 위한 생산물이 될 수조차 없다. 이 때문에 서구사회에서 '미학적' 가치 그 자체를 목적으로 하는 꽃의 속성은 사치의 개념과 연결되었고, 꽃의 재배와 증여는 사치적 소비로 치부되었다.

잭 구디는 꽃의 종교적 역할과는 별도로 서구의 프로테스탄티즘이 비판적으로 제기한 사치적 소비와 꽃의 연관성이 인류의 종교 세계와 관련한 꽃의 문화를 쇠퇴하게 만들었다고 지적한다. 현대 세계에서 꽃의 일상적 소비는 시장 경제에서 작동된 꽃의 상품화의 결과일 뿐이라는 얘기다.

최후의 선택 아로파

잭 구디에 따르면 '꽃말'은 프랑스의 부르주아가 만든 것으로, 19세기 서구 중산층에 수용되어 꽃의 상업적 문화에 큰 영향을 끼쳤다.

그런데 브록파 마을에서 발견되는 꽃의 문화는 상업적 문화와 판이하다. 상업적 문화 속에서 꽃은 그 성스러움을 표상하지 못하는데, 현대 자본주의 사회에서 꽃은 감정의 전달 수단에 불과하다. 하지만 브록파에서 꽃의 문화는 자본주의 사회에서 구현할 수 없는 인간관계의 성스러움과 공동체의 종교적 관념을 간직하고 있다.

연애, 모두의 혼례

브록파 여인들은 언제나 함께 일하면서 이야기를 나누며, 얼굴에는 웃음이 떠나질 않는다. 해발 3,000미터가 넘는 히말라야 자락을 오가며 농사를 짓기란 매우 고단하지만, 하나같이 힘든 기색이 없다. 요즘 그녀들의 관심사는 스무 살 앙모의 연애담이다. 앙모는 동갑내기 청년 스탄진과의 혼례를 앞두고 있다.

스탄진은 앙모에게 청혼할 참이다. 그는 어머니에게서 받은 머리 장신구를 앙모에게 주려 한다. 이 장신구는 집안 대대로 며느리에게 전해지는 것으로, 스탄진은 은으로 만들어진 이것을 손질하기 위해 장인이 사는 마을을 찾아나서기로 했다. 브록파 마을은 험준한 계곡으로 둘러싸여 있어, 마을에서 마을로 가기 위해서는 강을 건너고 산을 넘어야 한다. 강을 건널 때에는 '톨리'라 불리는 작은 나무 케이블카를 타야 하며, 강물이 차오르는 여름철 도하(渡河)는 그마저도 쉽지 않다. 브록파 마을에서 라다크의 중심 도시인 레^{Leh}로 가는 버스가 있지만, 브록파 마을들을 연결하는 교통 수단은 따로 없다.

아침에 출발한 스탄진 일행은 오후가 되어서야 장인이 사는 이웃 마을에 도착했다. 스탄진이 만난 할아버지는 브록파에서 전통 장신구를 만드는 유일한 장인이다. 스탄진은 매고 왔던 살구 보따리를 꺼내 놓고, 살구를 담은 가마에 행운을 비는 카타를 올려 놓는 것으로 장인의 수고에 대한 답례를 전한다. 스탄진의 어머니에게서 전해 받은 장신구는 장인의 손을 거쳐 새로운 은빛을 되찾고, 장인의 긴 시간 손질이 마무리되면서 청혼의 징표는 완성된다.

이처럼 브록파 마을의 모든 것에는 사람의 손길이 닿지 않는 것이 없다. 꽃으로 치장한 머리 장식, 곡물과 살구, 여성들의 장신구까지 사람들의 손길을 거쳐 새 생명을 얻는다. 이제 스탄진은 장인이 정성으로 손질한 은빛 장신구로 앙모에 대한 자신의 마음을 전달할 것이다. 결혼식 당일 신부의 머리 장식으로 쓰일 이것은 스탄진 어머니를 거쳐 스탄진의 신부 앙모에게 전달됨으로써, 스탄진 가계를 잇는 징표의 역할을 할 것이다.

여름 농사철이 끝나고 마침내 스탄진과 앙모의 본격적인 혼례 준비가 시작됐다. 브록파의 친족 체계는 부계父系를 따르기에 혼례는 신부가 신랑의 가계에 편입되는 절차를 따라 행해진다. 혼례 당일 친척과 이웃들에게 접대할 차와 음식은 신랑 측과 신부 측에서 나누어 준비하고, 혼례에 참석하는 마을 사람들은 음식과 옷감 등 신랑과 신부에게 줄 선물을 준비한다. 마을의 주요 의례에서 주고받는 선물은 물물교환의 기능적 측면을 가지고 있다. 다시 말해, 의례에서 주고받는 선물의 품목이 정해져 있고, 이 품목들은 혼례 과정에서 구체적인 쓰임새를 갖는다. 따라서 혼례는 신랑과 신부 양측의 준비만으로 치러질 수 없으며, 마을 사람들 공동의 참여에 의해서만 가능하다.

브록파의 혼례에서 중요한 비중을 차지하는 것 중 하나가 신부 머리를 장식할 꽈리이다. 사계절 붉은빛을 띠는 꽈리는 브록파의 꽃 중에서도 가장 귀한 꽃이다. 마을 여인들은 꽈리를 함께 따고 정성껏 손질해 머리 장식을 만든다. 신부의 머리 장식에 올리는 붉은 꽃은 신부와 신랑의 결합을 상징한다. 신부의 혼례복은 혼례가 있을 때마다 돌려 입는 마을 공용의 단 한 벌짜리 예복이다.

브록파의 혼례의식 중 신부 머리에 화관을 씌우는 것은 매우 의미가 깊은 절차로, 먼저 향나무 연기로 신부의 집안을 정화시키고 난 후 시작된다. 신부의 화관에는 신부 어머니와 친인척의 정성이 깃든 꽈리와 신랑의 어머니에게서 받은 장신구가 함께 올려진다. 신부는 이 화관을 씀으로써 비로소 신랑의 아내가 된다. 신부의 화관은 신부의 눈을 가려 앞을 보지 못하게 하는데, 이는 신부가 결혼 전 세계와 분리되어 결혼 후 세계로 진입한다는 통과의례를 상징한다. 혼례가 끝나고 신부가 화관을 벗는 순간, 신부는 신랑의 아내이자 가족으로서 새로운 지위를 얻게 된다.

브록파 마을에서 혼례는 신부와 신랑이 인생의 한 단계를 오르는 통과의례로서 마을 사람들의 축복 속에서 진행되며, 신부의 화관은 신부와 신랑의 결합이 신에 의해 이뤄졌음을 상징한다. 이렇듯 브록파 마을에서 혼

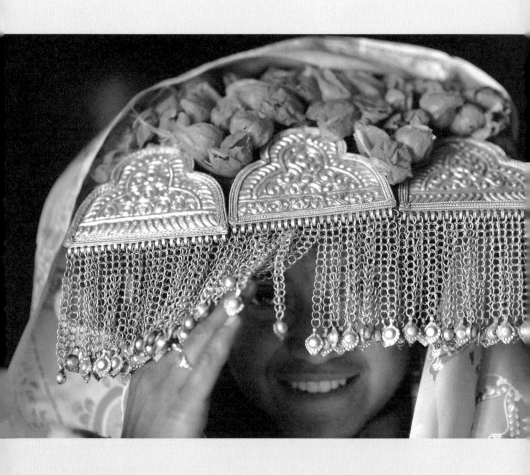

신부는 이 화관을 씀으로써 비로소 신랑의 아내가 된다.
신부의 화관은 신부의 눈을 가려 앞을 보지 못하게 하는데,
이는 신부가 결혼 전 세계와 분리되어 결혼 후 세계로
진입한다는 통과의례를 상징한다.

례는 마을 사람들 모두의 잔치이자 신에게 바치는 제의이다. 신에게 주는 인간의 '선물'인 꽃은 성스럽고, 그 성스러운 꽃은 브록파의 혼례를 성스러운 의식으로 만드는 데 부족함이 없다.

브록파의 공동육아

브록파의 산모는 병원에서 출산하지 않고, 친정엄마가 산파의 역할을 하거나 그것이 여의치 않으면 마을의 전문적인 산파를 부르곤 한다. 산모가 출산의 진통을 느끼는 즉시 전문 산파는 산모의 집을 방문하여 출산을 돕는 것은 물론, 아이가 태어나고 2, 3일 후까지 산모의 곁을 지키며 아이를 돌본다.

마을 사람들은 출산에 임박한 산모에게 야크의 젖으로 만든 버터, 녹말가루, 설탕, 코코넛 기름 등을 가져다준다. 이들은 모두 출산 과정에서 유용하게 쓰이는 것들인데, 산모는 출산을 알리는 진통이 오면 아이가 태어나기 한두 시간 전에 수수로 만든 빵을 먹고 아이가 태어난 후 한두 시간이 지나면 다시 코코넛 오일을 먹는다. 몸을 따뜻하게 만들어 수월한 출산과 산후 회복을 하기 위함이다. 갓 태어난 아이에게는 엄마와 함께 곡물 씨앗을 태운 연기를 쏘인 다음 최초의 젖을 물린다. 그다음에야 아이는 비로소 양가죽으로 만든 속옷을 입고 이와 별도의 겉옷도 입게 된다. 아이를 따뜻하게 해주는 이 속옷은 겨울에 태어났을 경우 여름이 될 때까지 6개월 이상을, 여름에 태어났다면 일주일 정도만 입게 된다.

"제 아이에게 다른 사람의 모유를 먹이면 아이가 엄마의 사랑을 전혀 느낄 수 없을 겁니다. 남의 모유로 아이가 배는 부를 수 있겠지만 가슴으로 사랑을 느낄 수는 없을 거예요. 아이들은 엄마의 향기만으로도 누가 진짜 엄마인지 아닌지 알 수 있죠."—소남 돌마, 25세

브록파 마을에서 아이가 엄마의 젖을 먹고 자라는 것은 당연한 일이다. 엄마의 젖은 아이를 배불리기 위한 것일 뿐만 아니라 엄마와의 유대를 형성하는 수단이다. 이들 모자는 마을 공동체로부터 소외되거나 고립되지 않으며, 오히려 출산 과정에서부터 아이의 성장 과정 모두를 자신의 일처럼 받아들이는 마을 사람들 덕분에 아이의 탄생 의례와 육아를 공동체와 함께할 수 있다. 마을에 아이가 태어나면 마을 사람들은 아이의 탄생을 축하하기 위해 옷가지와 갖가지 음식을 들고 산모의 집을 찾는다. 아이는 마을 전체의 축복 속에 태어나고 마을의 아이로 받아들여진다.

"집에 할 일이 많으면 이웃에서 아이를 돌봐 줍니다. 우리는 이웃의 아이들도 자기 자식처럼 서로 돌봐 주며 모든 일을 함께하려 합니다. 그래서 아이를 키우는 게 어렵다고 생각하지 않아요."—소남 돌마

마을 사람들이 아이의 탄생 의례에 참여하기 위해 아이의 집에 모이는 날은 마을 잔칫날이다. 남아 선호가 남아 있는 브록파 마을에서는 남자 아이에게 더 좋은 선물을 준비하는 경향이 있는데, 첫아이가 남자아이일

최후의 선택 아로파

때 잔치의 규모는 더욱 커진다. 잔칫집에서는 쌀과 고기가 준비되고, 마을 외곽 멀리 떨어진 사람들까지 초대된다. 남자아이가 포경수술을 한 후 7일째 되는 날에도 잔치를 벌인다. 아이의 집이 넉넉한 살림이라면 마을 모든 사람들이 빠짐없이 초대되고, 살림이 넉넉하지 않으면 한 가구에 남편과 아내 중 한 사람씩만 초대된다. 그러나 초대되지 않는 집은 없으며, 초대를 거부하는 집도 없다. 잔치는 마을 사람들의 권리이자 의무이다.

마을 사람들은 아이 선물로 밀가루를 반죽하여 만든 산양을 준비한다. 산양 인형은 봄에만 만들 수 있기 때문에 선물용으로 미리 집 안에 상비해 둔다. 잔치 초대를 받았는데 산양이 없다면 이웃에게 빌려서라도 가지고 가야 한다. 또 초대해도 오지 않는 사람이 있다면 그 사람의 집에 잔치가 벌어져도 마을 사람들은 그 잔치에 가지 않는다. 아이의 탄생을 함께 축하해 주며 선물을 주고받는 일은 마을 사람들의 기본적인 삶의 원칙이다.

"우리는 이웃의
아이들도
자기 자식처럼
서로 돌봐주며
모든 일을
함께하려
합니다."

돈의 세계,
꽃의 공동체

현대사회에서 결혼은 남녀의 경제적·사회적 조건에 의해 결정된다. 이는 돈을 벌지 않으면 살아갈 수 없는 자본주의 사회에서 당연한 상식으로 받아들여진다. 자본주의 사회에서 부유한 자와 가난한 자의 결혼은 구시대 신분을 초월한 '낭만적 사랑'만큼이나 현실적이지 않다. 그러나 돈에 대한 욕망을 부추기는, 소수에게 부가 집중되는 자본주의 사회에서도 젊은이들은 '낭만적 사랑'을 포기할 수 없다. 그것이 사랑이라는 이름으로 포장된 '부의 욕망'이라 해도 말이다. 상하이의 아름다운 여성인 첸웬과 쭌리는 '억만장자'라는 자본주의 버전 왕자의 선택을 받는 '신데렐라'를 꿈꾸지만, 현실적으로 그것은 동화의 세계에나 어울릴 법한 일이 되고 만다.

중국의 고향 마을을 떠나 상하이의 돈의 세계를 선택한 이들에게 자신의 미래를 책임질 공동체는 존재하지 않는다. 도시의 자본주의와 농촌의 빈곤은 첸웬, 쭌리, 그리고 '상하이 드림'을 좇는 중국의 젊은이들로부터 그들의 태어나고 자란 공동체와의 관계를 끊어 버렸다. 그런 그들이 선택할 수 있는 미래는 돈에 의한 관계이다. 그럼에도 불구하고 그들 또한 진정한 사랑을 꿈꾸는 청춘이다. 한편, 브록파의 결혼은 한 남자와 한 여자의 결합만을 의미하지 않는다. 브록파의 혼례는 결혼 당사자들이 새로운 삶의 단계로 이행하는 과정이자 마을 사람들 모두의 잔치이며, '신'의 축복을 받는 공동체의 미래이기도 하다.

우리는 각자 '부의 욕망'을 좇는 전쟁을 치르고 있다. 자본주의가 인류 문명의 최전선이라는 믿음은 어쩌면 '돈'을 '신'으로 모시는 현대인의 어리석음을 자초했을지 모른다. 그 '신'은 자신을 섬기는 모든 사람들을 돌보지 않는데도 말이다.

'신의 법이 사라진 상태'라는 의미의 그리스어 '아노미아anomia'에서 유래한 '아노미anomie'라는 말이 있다. 사회학자 뒤르켐Emile Durkheim은 사회 전체의 유대는 성원들 모두가 공유하는 일정한 신념 및 도덕 체계에 의해 유지된다고 보았다. 어떠한 조건에서 이러한 신념 및 도덕 체계, 즉 '신의 법'이 사라지게 되면 사회는 해체 지경에 이르게 되며, 이 상황에서 개개인은 무엇을 위해 어떤 행동을 해야 하는지에 대한 일체의 규범이 사라진 대혼란 상태에 빠지게 된다. 그는 이것을 아노미 상태라 명했다.

지금까지 발전사회학에서는 고도의 경제 발전이 이루어지기 위해 사회 성원들의 가치관에 어떠한 '근대화'가 일어나야 하는가에 너무 많은 논의

최후의 선택 아로파

가 집중된 나머지, 그 과정에서 사람들의 의식에 어떠한 변화가 야기되는 지는 상대적으로 무시한 경향이 있다. 하지만 일본, 한국, 중국을 필두로 한 아시아 여러 나라에서처럼 연간 10퍼센트가 넘는 경제 성장률로 급속 한 경제 발전을 이룬 경우, 사람들의 의식이 거의 트라우마에 가까운 충 격을 받았음은 명백한 사실이다.

한국전쟁 직후 태어난 세대들은 그야말로 '헐벗고 굶주린' 어린 시절을 기억하고 있는, 당시 아프리카 가나와 함께 세계 최빈국으로 손꼽히던 나 라 어린이였다. 그 아이가 환갑이 얼추 지난 지금, 상전벽해의 발전한 자본 주의 사회를 살고 있으니, 일생 동안의 변화치곤 격심한 이 과정을 대한민 국 사람들은 집단적으로 겪고 있다. 그 과정에서 어제까지 대부분의 사람 들이 받아들인 소중한 규범이나 원칙이 갑작스레 구닥다리로 치부되는 경 험을 겪곤 한다. 그 빈자리를 새로운 규범이나 문화가 채워 주었다면 모를 까, 그렇지 않다면 뒤르켐이 말한 아노미 상태에 빠지기 십상이다.

지난 20년간 고도의 경제 성장을 이룬 중국, 그 중심에 선 상하이도 마 찬가지다. '탐욕적 개인'이 주류인 자본주의는 이곳에서도 이미 수많은 사 람들의 행동을 관장하고 있다. 하지만 불과 40년 전까지만 해도 마오쩌 둥 주석의 어록을 품고 자진차로 일터에 나가던 이들에게 파천황직인 의 식 변화는 어떻게 다가왔을까. 기존에 지녔던 이들의 정신적 가치와 문화 가 무너지고 그 자리를 돈과 탐욕이라는 원리가 채워 가는 과정에서, 비 록 눈에 보이지는 않는다 해도 일정한 '문화적 진공cultural vacuum'이 나타났 을 것임이 틀림없다. 인간의 장기 매매 등 보통 사람들의 문화와 상식을 뛰어넘는 엽기적인 상품화가 중국 대도시에서 자행된다는 소문이 들릴 때마다, 사실 여부를 따져 봐야 할 일이지만, 어쨌거나 급격한 경제 성장을 겪는 나라의 정신적 공황과 혼란이 결부되어 있다 싶어 안타까움을 금할 길 없다.

그러한 아노미 이전의 사람들이 살았을 법한 삶의 모습을 동시대 브록파의 생활에서 발견할 수 있다는 게 그나마 큰 위안이다. 꽃과 사랑과 잔치, 그야말로 '신이 내려 주신 법'으로 살아가는 사람들과 이를 얼떨결에 내려놓은 이들이 얻게 된 세상을 대조해 보다, 문득 조동진·장필순의 노래 〈눈부신 세상〉이 떠오른다.

우리는 각자 **부의 욕망을 좇는 전쟁**을 치르고 있다.
자본주의가 인류 문명의 최전선이라는 믿음은 어쩌면
돈을 신으로 모시는 현대인의 어리석음을 자초했을지 모른다.
그 신은 자신을 섬기는 모든 사람들을 돌보지 않는데도 말이다.

(중략)

눈부신 세상 / 눈부신 세상

눈부신 세상 / 내가 태어나 사랑한 곳

그곳이 나의 천국 / 눈먼 행복과 벗겨진 꿈

눈물 없는 슬픔과 / 사랑 없는 열기만

가슴에 있네.

공존,
생존을 위한
선택

'신이 내려주신 법'이 사라지기 전, 인간이 경제생활을 조직하던 방법은 어떠했을까. '빅맨'을 중심으로 살아가는 부족민의 삶, 그리고 꽃과 함께 살아가는 브록파 여인들의 웃음과 노래에서 이에 대한 대체적인 영감을 얻을 수 있었다. 물론 하나의 공동체가 어떻게 살림살이를 꾸려가는지만 보고 그 전체적인 모습을 조망하기란 어불성설이다.

　마침, 문명 세계로부터 좀 더 멀고 먼 남태평양 솔로몬 제도의 아누타 섬에서 사람들의 경제생활을 조직하는 '아로파'라는 독특한 원리가 눈에 띈다. 나눔과 연대를 뜻하는 이들 아로파적 삶은 경제적인 동물로서의 인간의 가장 원초적인 모습일지 모른다. 달리 말하자면 태초에 있었던 것이 '호모 에코노미쿠스', 즉 '탐욕적 개인'이 아니라 '아로파'였을지 모른다.

　그리하여 이 장에서는 지도상에 점으로도 표시할 수 없을 정도로 작은 아누타섬에 안착해 보려 한다. 자본주의가 비대해진 현재까지 300여 명의 주민이 자급자족의 조화로운 공동체 생활을 영위한다는 게 불가사의로만 느껴지는 아누타섬. 무엇이 그러한 삶을 가능하게 하고 어떻게 기능하는지를 살핌으로써, 히말라야 브록파와 파푸아뉴기니의 상각부족에 이어 아누타의 경제생활을 관통하는 원리를 탐색하고자 한다.

1,000여 개의 섬들로 이뤄진 인구 55만의 작은 나라 솔로몬 제도 Solomon Islands 동쪽에 위치하는 아누타는 남태평양의 수많은 섬 중에서도 최대 지름이 2.5킬로미터에도 미치지 않는, 사람이 사는 가장 작은 섬이다. 한국에서 아누타로 가려면 솔로몬 제도의 수도 호니아라 Honiara를 거쳐야 하는데, 이곳에서 산타크루즈 Santa Cruz 제도의 라타 Lata로 이동한 다음, 다시 카누를 타야 한다. 섬 주변의 바다가 산호초로 둘러싸여 있어 쉽사리 배가 정박할 수 없으니, 카누라는 작은 배만이 섬과 바다를 이어 주며 주민들의 어로 수단으로 활용되고 있다.

카누는 기계의 힘이 아닌 온전히 바람의 힘으로 바다를 항해하는 돛배이다. 라타에서 아누타까지는 241킬로미터, 바람의 힘으로 거친 파도에 맞서가며 하루 80킬로미터를 이동한다 해도 사흘은 족히 걸릴 거리이다. 하지만 아누타에는 헬기나 경비행기가 내려앉을 만한 착륙장도 달리 없기 때문에 결국 아누타로 가는 교통 수단은 배가 유일무이하다.

그런데 〈최후의 제국〉 촬영팀이 라타에서 아누타로 떠나기로 한 날, 아누타에서 띄우기로 한 배가 당도하지 않았다. 높은 파도에 부딪혀 배가 파손됐다는 소식이었다. 화물선을 빌려 아누타에서 가장 가까운 섬으로 이동한 다음, 그곳에서 아누타에 들어가는 경로를 택했다. 라타에서 아누타로 가는 길목에 위치한 티코피아Tikopia에 도착했을 때, 이미 촬영팀은 나흘간 여정으로 몹시 지쳐 버린 상태였다.

티코피아에서 아누타까지는 120킬로미터, 카누로 대략 하루 내지 이틀이 걸리는 거리였다. 결국 아누타 선장이 티코피아로 촬영팀을 데리러 오기로 했고, 이 모든 연락은 아누타섬에 있는 유일한 통신 수단인 송수신 겸용 라디오Two-way Radio의 무전으로 이뤄졌다. 물론 이조차 쌍방이 라디오를 대면하지 않는다면 불가능했다.

이윽고 아누타의 선장 모펫이 촬영팀을 데리러 왔다. 모펫이 운전하는 카누, '라피타Lapita'는 촬영팀 사람들로 만원이 되어 버렸고 배 안 어디나 피곤한 이들의 잠자리가 되었다. 모펫은 바람을 등지고 가면 12시간 내에 도착할 수 있다고 촬영팀을 안심시켰지만, 배를 탄 지 만 하루가 지났는데도 아누타는커녕 망망대해에 바위섬 하나 보이지 않았다.

"아누타섬이 GPS에 없대요." / "GPS에 아누타섬이 표시 안 된다는 거지?"

"네, 섬이 너무 작으니까 없대요." / "그러면 아누타섬까지 어떻게 찾아가지? 모펫, 우리가 아누타로 가고 있는 건 맞나요?"

"네, 우리는 별을 보고 길을 찾아갑니다."

아누타 사람들의 항해 기술은 남태평양에서도 최고로 손꼽힌다. 그들은 인생의 많은 시간을 땅이 아닌 바다에서 지낸 덕에 그들만의 전통적

최후의 선택 아로파

아누타 사람들은 태어나면서부터 눈과 귀로 바다를 접하고,
말을 시작하면서 바다의 모험을 다룬 노래와 이야기를
듣는다. 항해와 어로는 아누타의 생존 기술이다.

항해 기술과 장비를 갖추고 있다. 섬과 섬 사이를 여행하는 기술은 오세
아니아 사람들과 유사한데, 아누타의 최고 항해사 모펫은 밤으로는 별이
나 달을 보고 낮으로는 태양을 보아 키의 방향을 잡는다고 했다. 밤하늘
의 별이 보이지 않는 흐린 날에는 파도의 형태를 살피는데, 이는 오로지
경험을 통해 익힐 수 있단다. 아누타 사람들은 태어나면서부터 눈과 귀로
바다를 접하고, 말을 시작하면서 바다의 모험을 다룬 노래와 이야기를 듣
는다. 그리고 소년이 되면 바다를 헤쳐 나갈 용기와 고기잡이 능력을 시
험하는 과정을 거쳐야 한다. 항해와 어로는 아누타에서의 삶을 좌우하는
생존 기술이다.

촬영팀은 아누타로 가는 라피타 위에서 두 번의 일몰을 보았다. 그 다
음날 새벽 두 시경, 모펫 선장이 사람들을 깨웠다.

"저기가 아누타섬이야."

호니아라에서 출발한 지 13일 만에 신기루처럼 눈앞에 작은 섬이 자태
를 드러냈다.

멀고도 먼
아누타

　　라피타는 섬에서 조금 떨어진 곳에 멈춰 섰다. 해안가를 둘러싼 산호초 때문에 아누타 사람들이 또 다른 작은 카누를 타고 마중 오기를 기다려야 했다. 해가 뜨자, 해변에 모인 사람들이 보이기 시작했다. 사람들은 촬영팀을 향해 반갑게 손을 흔들었다. 아누타를 오가는 정기여객선이 없어 두어 달에 한 번 꼴로 섬을 드나드는 화물선과 가끔 바다 주변을 지나가는 원양어선이 외부 세계와의 접촉의 전부이다 보니, 촬영팀의 도착 소식은 섬 전체에 빠르게 퍼져 갔다. 이윽고 아누타 남자들이 카누를 저어 라피타에 다가왔다. 촬영팀은 카누로 갈아타고, 한가운데 650미터 높이의 언덕이 솟아 있고 언덕과 해변 사이 숲으로 타로, 고구마, 코코넛, 바나나 등의 뿌리식물과 과일나무가 자라고 있는 아누타섬에 발을 내디뎠다.

노래를 부르고 춤을 추며 다가온 아누타 남자들에 이끌려 마을 입구에 당도하자, 주민들은 촬영팀 모두에게 화관과 꽃목걸이를 걸어 주고 강황 즙으로 얼굴을 치장해 주었다. 마을 입구에는 두 줄로 앉은 사람들이 보였고, 그 끝에는 두 명의 추장이 촬영팀을 기다리고 있었다. 촬영팀을 안내한 남자가 때마침 추장에게 인사하는 시범을 보여 주었다. 무릎으로 기어가서 추장의 무릎에 코를 맞대어 존경을 표한 후 코 인사를 나누는 방식이었다. 코 인사는 폴리네시아의 상례적 인사법으로 300여 명 주민과 일일이 나누는데, 거동이 불편한 노약자와 환자를 제하고 어린아이와도 인사를 나눈다. 처음으로 아누타를 방문하는 사람이나 고향을 떠났다 다시 돌아온 사람이나 모두 똑같이 이러한 아누타식 환대를 받는다.

인사를 끝낸 후 다함께 차려진 음식을 먹었다. 코코넛 푸딩과 생선구이 및 바닷가재까지 차려진 푸짐한 상이었다. 촬영팀은 주민들과 함께 둘러앉아 식사를 했는데, 밥을 함께 먹는 것은 아누타에서 중요한 의미를 갖는다. 아누타에서는 혈연관계보다 함께 밥을 먹는 관계를 중요시하기 때문이다. 말 그대로 가족은 식구食口이니, 이로써 촬영팀과 아누타 사람들은 가족이 되었다.

아누타의 가족 체계

아누타에는 가족을 뜻하는 '파통기아patongia'란 말이 있다. 부계父系를 따르는 아누타에서 여자는 결혼과 동시에 아버지의 파통기아에서 남편의 파통기아로 옮겨 간다. 아누타 남자가 비非아누타 여자와 결혼한 경우에도 여자는 남편의 파통기아에 소속된다. 하지만 아누타 여자가 비아누타 남자와 결혼할 경우 여자는 비아누타 사람으로 간주된다. 물론 그 여자가 남편과 아이들을 데리고 아누타로 돌아와 살면 결혼하기 전의 파통기아에 다시 소속된다. 입양된 아이는 결혼하기 전까지 친부와 양부 모두의 파통기아에 속하다가 결혼 이후에는 남편의 파통기아를 따른다. 아누타에서 파통기아는 혈연관계뿐만 아니라 다양한 방식으로 조합된다. 입양도 그중 하나의 방식이어서, 아누타에서의 입양은 드물지 않다.

라피타의 선장 모펫 부부의 아들 조단도 입양된 아이이다. 초등학교 1학년인 조단은 솔로몬 제도의 수도 호니아라에서 모펫이 데려온 아이이다. 모펫이 호니아라에 있을 당시 부모를 잃은 조단을 아누타로 데려와 입양했다. 또 모펫의 이웃인 모건의 삼 남매 중 둘째인 프리다도 입양된 아이이다. 프리다의 아버지는 모건과 호형호제하는 사이였는데, 프리다가 태어난 직후 바다에 나갔다가 돌아오지 못했다. 이후 프리다의 어머니 또한 섬을 떠나 재혼하면서 프리다는 모건 부부에게 입양되었다.

아누타에서는 어느 파통기아에도 속하지 않고서는 살아갈 수 없으니, 파통기아는 기본적인 가족 범주이자 경제적 단위 역할을 한다. 관념상 영구적인 파통기아 단위로 집과 텃밭이 공유되고 대대로 이어지는데, 자신이 속한 파통기아의 텃밭 작물이 아니라면 선물로 받은 것이 아니고서야 그 어떤 것도 먹을 수 없다. 만일 자신이 속하지 않은 파통기아의 텃밭 작물을 주인의 허락 없이 캐내면 추장의 직권으로 벌을 받을 수 있다. 촬영팀처럼 외부인으로서 아누타의 어떤 파통기아에도 속하지 않은 사람들은

아누타에서는 어느 파통기아에도 속하지 않고서는 살아갈 수 없으니,
파통기아는 기본적인 **가족 범주이자 경제적 단위** 역할을 한다.

CHAPTER 4
공존, 생존을 위한 선택

선물 외 아누타의 어떤 작물에도 입을 대어선 안 된다. 물론 아누타 사람들은 촬영팀을 환대하고 식구로 받아들임으로써 아누타에서 함께 먹을 수 있는 자격을 부여했다

현재 아누타에는 24개의 파통기아가 있다. 파통기아를 가구household로 이해하면 24가구가 있는 셈이다. 아누타의 24개 파통기아는 다시, 카이낭가Kainanga로 불리는 4개의 '씨족clan'으로 분류된다. 파통기아가 혈연의 개념과 등치되지 않으므로 카이낭가를 우리 사회에서 통용되는 의미의 '씨족'이라는 용어로 규정하는 것은 적절치 않지만, 여하튼 아누타 사람들은 반드시 혈연관계를 따지지 않더라도 4개 중 어느 카이낭가의 후손이라고는 생각한다.

1970년대부터 2000년대까지 수차례 아누타를 오가며 현지 연구를 진행했던 미국의 인류학자 리처드 파인버그Richard Feinberg에 따르면, 아누타에서 카이낭가가 만들어진 시기는 지금으로부터 9세대 이전인 약 200년 전으로 추산된다. 약 200년 전 케아라쿠라Kearakura라는 추장의 세 아들과 1명의 사위가 4개의 카이낭가의 선조가 되었으며, 이 가운데 추장의 장남과 차남의 카이낭가가 추장의 지위를 계승하고 나머지 두 카이낭가는 추장의 계승권을 얻지 못했다. 그래서 지금도 아누타는 두 카이낭가에서 각각 1인씩 총 2인의 추장을 두고 있으며, 나머지 두 카이낭가에는 추장이 없다. 추장의 유무를 기준으로 4개의 카이낭가는 2개의 아리키Ariki로 통합된다.

가정 경제는 가족 아닌 식구

역사적으로 경제생활을 영위해 온 자급자족의 단위인 가정 경제가 무엇으로 구성되었던가. 아버지와 어머니, 그 자식들로 구성되는 핵가족을 하나의 규범으로 받아들이고 있는 현대인들에게 가정 경제의 구성 요소는 당연히 혈연이다. 하지만 아누타 사람들처럼, '함께 밥을 먹는 이들'을 의미하는 '식구'가 그 구성 요소라 말하는 게 더 보편적일 수 있다.

몇 가지 중요한 예를 들어보자. '회사'를 의미하는 영어 'company'는 '빵pan을 함께com- 나누어 먹는 이들'에서 유래하여 한 무리의 병사를 뜻하던 중세 프랑스어 'compaignie'로 쓰이다가 16세기 처음으로 상업 조직을 일컫게 되었다. '가족'을 뜻하는 영어 'family'도 혈족으로 엮인 핵가족이 아니라, 본래 경제생활상 자급자족을 해결하는 단위를 일컫는 라틴어 'familia'에서 유래했다.

'파밀리아'는 수장인 가부장paterfamilias을 정점으로, 집단의 경제적 자급자족을 위해 움직이는 공동체 성원 전체로 구성된다. 우선 가부장의 아내와 자식이 있으며, 가부장에게 생활을 제공받으며 각종 도움을 주는 여러 식객cliente 그리고 노예들이 함께 모여 거대한 집단으로서의 파밀리아를 구성한다. 슬라브인들의 전통적 공동체로 알려져 있는 자드루가Zadruga 또한 이와 비슷하다. 이는 여러 핵가족이 함께 뭉친 확대가족으로서 최연장자 남성의 의사결정하에 함께 생활을 영위하는 집단이다. '자드루가'는 '큰 솥'으로서, 그야말로 '한솥밥을 먹는 이들'의 집단이 되는 셈이고, 아누타 사람들의 파통기아 또한 이와 비슷한 성격의 가정 경제라 보여진다.

아누타의 정체성,
아로파

리처드 파인버그는 아누타섬에 사람이 살기 시작한 것은 지금
으로부터 약 500년 전이며, 현 주민들은 아누타 첫 정착민의 15대 후손
들이라 추정한다. 한편, 아누타의 구전 역사는 첫 정착민이 서폴리네시아
의 통가Tonga에서 왔음을 알려 준다. 남태평양의 문화권은 크게 파푸아뉴
기니, 비스마르크, 솔로몬 제도, 피지를 포함하는 멜라네시아 문화권과
통가, 사모아, 하와이, 뉴질랜드를 포함하는 폴리네시아 문화권으로 나
뉜다. 아누타는 지정학적으로는 솔로몬 제도의 멜라네시아에 속해 있으
면서도, 시조始祖의 출신 지역을 좇아 자신의 문화적 정체성을 폴리네시아
에 두고 있다.

마샬 살린스에 따르면, 멜라네시아와 폴리네시아는 각기 다른 정치체
의 전통을 이어 왔다. 멜라네시아의 정치체가 '빅맨'을 중심으로 지도자와

주민의 평등한 힘의 관계를 지향해 온 반면, 폴리네시아의 정치체는 세습적 '추장'을 중심으로 지도자와 주민의 위계적 관계를 지향해 왔다. 아누타 역시 지금까지 추장을 중심으로 공동체가 만들어지고 유지되었다. 간단히 말해 멜라네시아의 정치체가 빅맨이란 '베푸는 지도자'로 표상된다면, 폴리네시아의 정치체는 관계 맺음의 일반적 원리로 조직된다. 그것은 '아로파aropa'로 표상되며, 하와이의 '알로하aloha'로 더 잘 알려져 있다. 나아가 폴리네시아 문화권에 속하는 사모아Samoa에서는 '알로파alofa', 통가에서는 '오파ofa', 뉴질랜드의 마오리족 사이에서는 '아로하aroha'라는 말로 쓰이며 나눔과 연대의 가치를 표방하고 있다.

하와이의 문화정체성을 연구한 영국의 인류학자 조슬린 리네킨Jocelyn Linnekin은 '알로하'가 타자의 필요에 맞춰 자신을 헌신하는 행동 원리로서, 타자에게 자신의 것을 증여하고 타자도 그렇게 하기를 기대하는 관계 전략이라 지적한다. 하와이는 알로하에 의해 나눔과 연대에 기초한혈연이 아닌 '오하나ohana'라는 가족 범주를 구성하고 유지해 왔다. 이에 조슬린 리네킨은 알로하가 하와이의 핵심적 문화정체성으로 떠오른 것이 근대 이후이며, 미국과 일본 등 외부 세계의 침투에 저항하고 현지인의 전통 문화를 지키려는 실천 운동에 의해 핵심석 성체성으로 부각된 것이라 말한다.

아누타의 아로파는 하와이의 알로하처럼 대대적인 문화적 흐름을 구축할 만큼의 인구 규모를 갖추지는 못했으나, 하와이에서 문화정체성으로서의 알로하가 부상한 배경과 유사한 맥락을 지니고 있다. 우선 리처드 파인버그가 말한 것과 같이, 1978년 솔로몬 제도의 국가 성립과 더불

교육비를 마련하기 위해
부모는 타로, 담배, 바나나 등을
주민들에게
판매하여 돈을 벌고자 했다.
이것은 **아로파 원리에**
정면으로 위배되는 것이며.
분배의 최종적 권한을 지닌
추장의 권위에
도전하는 것이기도 했다.

어 아누타는 솔로몬 제도로부터 세금 징수의 압박을 받았다. 그럴 때마다 아누타는 심지어 섬의 모든 밭을 휩쓸고 간 크고 작은 태풍 피해에 대한 원조를 거부하면서까지 세금 징수를 회피해 왔다. '아누타에서 낸 세금이 다른 섬으로 갈 것'이라는 표면적 우려 때문이었다지만, 보다 근본적인 이유는 솔로몬 제도 대부분의 주민이 멜라네시아계라는 데 있었다. 아누타는 주민의 93퍼센트가 멜라네시아계인 솔로몬 제도의 '소수민족'으로서, 폴리네시아계의 정체성을 견지하고 있었다. 이것은 외세에 대한 저항과 소수 집단의 정체성 구축이라는 측면에서, 하와이가 미국에 편입되고 일본의 관광 자본이 밀려드는 와중에 알로하의 정체성을 견지하려는 것과 유사한 맥락으로 이해된다.

또 하나는 아로파가 돈의 논리와 대척점에 놓인다는 점이다. 아누타에는 세계은행World Bank으로부터 지원을 받아 설립된 6년 과정의 초등학교가 있다. 그런데 이 학교를 졸업한 아이들 중 매년 한두 명씩은 중등학교의 입학시험에 통과한다. 이 아이들의 중등학교 교육비를 마련하기 위해 부모는 타로, 담배, 바나나 등을 주민들에게 판매하여 돈을 벌고자 했다. 이것은 먹을 것이 부족한 이들에게 조건 없이 나누어 주는 아로파의 원리에 정면으로 위배되는 것이며, 분배의 최종적 권한을 지닌 추장의 권위에 도전하는 것이기도 했다.

1980년을 전후한 시기, 아누타의 추장은 섬 내에서 이러한 판매 행위를 중지시키고자 했으나 그의 뜻이 원활하게 관철되지 않았다. 추장은 종교의 힘을 빌어 손상된 추장의 권위를 회복하고자 했는데, 1916년 영국의 성공회 선교사가 아누타를 찾아온 이래 폴리네시아 여러 섬에서 그랬던 것처럼 당시 모든 주민들은 기독교를 신봉하고 있었다. 추장은 일요일마다 행하는 교회 예배에 설교자로 나서서 실추된 권위를 회복하려 했다. 이러한 추장의 행보가 아누타를 예전 모습으로 완벽하게 돌려놓지는 못했지만, 돈의 논리로부터 아로파의 가치를 설파하고 지켜 낼 수는 있었다. 그 결과 지금까지 섬 내에서 전문적으로 돈을 벌어들이는 판매 행위는 '좋지 않은 일'로 여겨지고 있다. 대신 섬 바깥에서 돈을 벌어들이는 것은 아로파와 상충되지 않은 일로 허용되고 있다.

현재 아누타의 인구는 150명 가량이었던 1970년대에 비해 두 배 이상 증가했다. 또 솔로몬 제도의 수도 호니아라와 뉴질랜드 북단의 러셀섬에도 아누타 사람이 수십 명씩 거주하고 있다. 이들은 아누타섬과 외지를 오가며 자신의 파퉁기아와 카이낭가를 통해 아누타에 현금을 보낸다. 외지에서 학교를 나온 아누타 사람들은 대개 외지에서 우체부, 경찰, 운전수 등의 직업인으로 살아가고 있다. 그들이 보낸 현금은 섬 내 공동체 생활에는 전혀 쓸모가 없을지 모르나, 외지로 진학하거나 친지를 방문할 때 혹은 섬에서 나지 않는 곡물_{이를테면 쌀과 같은}과 공산품을 구입하고자 할 때 유용하게 쓰인다.

한편, 아누타섬의 자원을 이용한 '돈벌이'는 매우 제한적이다. 그것은 아누타의 지리적·생태적 환경 때문이기도 한데, 우선 상업적 농작물의 개발은 섬의 고립과 작은 면적으로 인해 원천적으로 불가능하다. 또 물고기를 잡아 외지에 내다 팔려 해도 유통 비용을 감안하면 실질적인 이득을 얻기 어렵다. 외지와의 거리가 상당하기 때문에 유통 중 생선의 신선도가 떨어져 제값을 받기도 힘들다. 이 같은 아누타섬의 고립된 자연환경은 아로파의 나눔의 가치를 경제적 상호 호혜성에 조응하게 했고, 아누타의 정체성을 더욱 강화시켰다. 아누타 사람들에게 아로파는 물질적 나눔과 공동의 생산 및 협업의 가치를 가리킴과 더불어, '아누타 사람'이라는 연대감을 심어 준다.

화폐 경제와 공동체

아누타섬에서의 '화폐 경제'의 도입과 실패는 인류 역사상 시장교환과 화폐의 발생에 대한 사람들의 통념에 엄청난 도전장이다. 이미 프롤로그에서 '호모 에코노미쿠스'의 신화에 대해 살펴본 바 있는데, 모든 인간은 '탐욕적 개인'이어서 자연스럽게 시장교환을 반기며 그것을 촉진시킬 화폐 또한 만들어 낸다는 게 주된 내용이었다. 하지만 아누타섬에서 이 신화는 통렬히 전사하고 만다. 이 섬 사람들은 본래 시장교환도 화폐도 없이 살고 있었고, 그런 제도가 외부에서 도입되자 오히려 상당한 저항을 보이며 자신들의 삶에서 주변적 위치 이상을 점하지 못하도록 했다.

19세기를 풍미했던 시장교환과 화폐에 대한 '호모 에코노미쿠스'의 신화는 이미 19세기 말부터 독일 경제사학자들의 끝없는 반박과 도전에 직면했으며, 마침내 20세기에 들어오면서 가장 뛰어난 학자 중 한 명인 막스 베버가 보다 분명한 의견을 제시했다. 그는 "시장교환은 공동체의 외부, 즉 공동체와 공동체 사이에서 발생하는 것이며 공동체가 해체되기 이

전에는 그 내부에서 계속 확장될 수 없다"고 말했다. 또 동료 경제사학자인 좀바르트의 주장을 원용하면서, 시장교환과 화폐 경제가 기본적으로 인간관계의 탈인격화에 기반하고 있음을 강조했다.

사실 시장 혹은 화폐 관계는 시쳇말로 '현금 박치기'의 관계일 뿐이며, 그 관계 당사자들이 인간적으로 어떤 관계인지^{같은 고향 출신인지 선후배인지 심지어 부모 자식인지}를 철저하게 무시할 때 성립한다. 부모와 자식 간이라고 해서 차용 증서를 안 쓰는 것도 아니며 복리 계산이 달라지는 것도 아니다. 베버에 따르면 공동체 관계는 성원들 간 인격적 관계에서 구성되는 것인 바, 그들의 경제생활이 시장관계로 대치되면 그 공동체는 파괴될 수밖에 없는 운명이다. 결국 시장 혹은 화폐 관계는 아무런 인격적 관계가 전제되어 있지 않은 '이방인', 그러니까 다른 공동체 사람들과의 사이에서 생겨나 발전한다. 게다가 베버는 공동체 내부에 시장적 관계가 존재할 경우, 이를 일정한 범위 이상 넘어서지 않도록 억압하는 경향이 분명 존재한다고 강조한다. 아누타섬의 경우에도 섬 주민들이 아로파를 내세워 화폐 관계의 확장을 저지하는 모습을 살펴볼 수 있다.

그렇다면 중세 이후 화폐 사용이 전면화된 것은 어떻게 설명할 수 있을까? 그 중요한 동기 중 하나가 국가의 조세 정책인데, 중세 말 이래 유럽 군주들은 늘어만 가는 전쟁 및 권력 유지 비용 때문에 항상 쪼들리는 신세였고 이에 따른 조세 수입 증가를 위해 화폐 경제를 확장하면서 신민^{臣民}의 조세도 화폐로 요구했다. 이로써 어떤 공동체든 '자급자족'만으로는 감당할 수 없는 상황이 되었고, 국가 권력의 쓴맛을 보고 싶지 않다면 조세

아누타섬에서 호모 에코노미쿠스 신화는 전사하고 만다. 이 섬 사람들은 시장교환도 화폐도 없이 살고 있었고, 그런 제도가 외부에서 도입되자 상당히 저항하며 자신들의 삶에서 주변적 위치 이상을 점하지 못하도록 했다.

로 낼 화폐 확보를 위해 어떻게든 화폐 경제에 참여해야만 했다. 이 과정에서 화폐는 도시와 상업 네트워크를 거쳐 산골 동네까지 침투하게 된다. 조세 수입을 늘리기 위해 화폐 경제 확장을 온 영토에 강요했던 이들 국가를, 지금에 와서는 '중상주의 국가'라 부른다.

초기 중상주의 국가의 이 정책은 이후 아프리카와 아시아 등으로 유럽 제국주의 및 자본주의가 팽창할 때에도 요긴했다. '자유 무역'의 신화는 '비교 우위'의 이론에 따라 무역하면 서로 이익이라는 계산을 마친 토착민들'이 자발적으로 유럽 상인들과의 무역을 개시했다는 식의 생각을 유도하지만, 실제 상황은 전혀 그렇지 않았다. 몇천 년, 아니 때로는 몇만 년을 동일한 생활 방식으로 자급자족하며 살아온 토착민들이 무어 그리 아쉽다고 유럽인들과의 교역에 적극 나섰겠는가.

일정한 지역을 정복했다 해도 그 지역 주민들에게 화폐 경제와 자본주의가 침투하는 데에는 여러 문제가 도사리고 있었다. 난관 극복을 위해 식민 당국은 유럽 본국에서 발행한 화폐로 세금을 내게 하는 일방적 조세 정책의 유효성을 한 번 더 시험하기로 했다. 이로써 자급자족하며 전통적 삶을 살던 수많은 토착민들은 세금으로 낼 화폐를 얻기 위해 노동 시장으로 나서야만 했고 하루아침에 날품팔이로 전락하고 만다.

아누타섬도 이와 별반 다르지 않은 상황이었다. 19세기처럼 자본주의를 확장하기 위해 화폐 사용을 요구받은 것은 아니지만, 아이들의 교육을 위해 자급자족 저편의 화폐를 획득해야 한다는 사실만으로도 원주민들은 충격에 빠졌다. 이 새로운 요구는 더 많은 화폐를 벌도록 아누타 사람들을 동기화했지만, 아누타의 공동체는 견고했다.

아누타의 호혜성

"다들 서둘러. 편찮으신 분 돌아가시겠다."

"아침부터 쌀밥하고 음식을 준비하다 보니 이렇게 늦었네. 그런데 생선 가지고 온 사람 있어?"

"집에 남은 생선이 없더라고요."

"이런, 병문안 가면서 생선도 안 갖고 가는 경우가 어디 있어. 큰일이네."

아침부터 아누타섬 여자들이 양손에 음식을 들고 모펫 할아버지의 병 문안을 나섰다. 노환으로 몸져누운 모펫의 할아버지는 몸에 마비가 와서 거동마저 불편해졌다. 아누타에서는 병이 나도 도시의 큰 병원을 찾아갈 수 없다. 아파도 그저 참아야 한다. 대신 아누타 사람들은 이웃에 아픈 사 람이 있으면 서로 돌보곤 한다.

이웃 여인들은 모펫의 집에 들어서자마자 '라바라바'라는 옷감부터 꺼 내 놓는다. 라바라바는 이불도 되고 옷도 되는 다용도의 사각 천이다. 아 누타에서는 보통 나뭇잎으로 짠 매트 위에서 생활하는데, 나뭇잎 매트는 아침저녁으로 올라오는 땅의 찬 기운을 차단하지 못한다. 이로부터 환자 를 보호하는 데에는 라바라바가 유용하다. 여인들은 노쇠해진 할아버지 의 몸을 라바라바로 덮고 준비해 온 음식 보자기를 펼친다. 그 속에는 아 누타에서 가장 귀한 음식인 쌀밥이 담겨 있다.

아누타에서는 논농사를 지을 수 없기 때문에 두어 달에 한 번씩 오는 화물선을 통해 돈을 주고 쌀을 구입한다. 그런데 섬 안에는 돈벌이가 될 만한 일이 없다. 우연히 잡히는 상어의 지느러미를 내다 팔아 돈을 얻는 것 외에는 호니아라 등 외지에 있는 친지들이 보내 주는 돈이 전부이다. 그만큼 귀한 음식인 갓 지은 밥을 병문안 온 여인 중 한 사람이 한 입 크기로 뭉쳐 자신의 입 안에서 우물거린 다음 할아버지의 입 안에 넣어 준다. 치아가 좋지 않은 할아버지를 배려하는 행동으로, 아픈 병자를 알뜰살뜰 보살피는 태도는 아로파적 실천의 하나이다.

병든 사람을 보살피는 것은 아누타에서는 당연한 일이다. 모펫의 부모와 형제는 모두 외지에 나가 있어 할아버지는 모펫 부부와 함께 살고 있다. 라피타 선장인 모펫이 바다에 나가면 모펫의 아내가 할아버지를 모신다. 그러나 모펫의 아내는 아픈 할아버지를 모시는 일이 힘들지 않다. 아로파의 실천으로, 병간호의 책임을 아누타 사람들 모두가 함께 나눠 지기 때문이다.

아로파적인 삶

아누타 사람들은 생선이 없으면 식사를 했다고 생각지 않는다. 그래서 물고기를 잡는 데 많은 시간과 노력을 쏟아붓는다. 보통 어로 작업에는 대여섯 대 카누가 함께 움직이는데, 추가 달린 낚싯줄을 바다에 떨어뜨려 고기를 잡는 전통적 '타쿠라쿠라Takurakura' 방식으로 이루어진다.

특별한 장비 없이 미끼로 쓰는 문어다리와 낚싯줄이 전부인 타쿠라쿠

최후의 선택 아로파

라는 협업하지 않으면 불가능한 어로 방법이다. 카누를 지키는 사람만 남고 그 외 모든 사람이 미끼로 쓸 문어를 입에 물고 잠수를 하기 때문인데, 그와 동시에 바닷속에 추가 달린 낚싯줄을 떨어뜨려야만 한다. 게다가 섬 주변이 암초로 둘러싸여 배를 댈 만한 곳도 없으므로 아누타 사람들은 힘을 합쳐 해변까지 카누를 들어올려야 한다. 보통 폴리네시아의 카누는 둥근 선체인 반면 아누타의 카누는 V자 모양을 하고 있는데, 파도를 헤쳐나가기에는 유리한 반면 선체가 낮아 언제라도 배 안으로 물이 들어온다. 그래서 모든 카누에는 노 젓는 사람이 있으면 카누 모양의 바가지로 물을 퍼내는 사람이 따른다. 이들 항해의 기본이 협업일 수밖에 없는 또 다른 이유이다.

이렇게 잡힌 물고기는 아주 작은 물고기를 제외하고 추장의 통솔하에 24가구 전체에 공평하게 분배된다. 대여섯 대의 카누가 바다에 나가면 많게는 200여 마리, 보통 때는 100여 마리의 물고기가 잡히는데 어떤 경우에라도 분배는 가구 수에 맞춰 골고루 이뤄진다.

물고기를 잡기 위해 배를 타고 근해를 다녀온 세실은 집으로 가기 전에 먼저 들를 곳이 있었다. 얼마 전에 아기를 낳은 에이린의 집. 이곳은 아기가 태어난 이후 언제나 사람들로 북적댄다. 이웃들은 아누타 전통의 코 인사로 아기와 첫인사를 나눈다. 아기를 보러 온 사람들의 손에는 제각각 육아용 선물꾸러미가 들려 있다. 병문안을 갈 때 갖고 가는 라바라바 천은 갓 태어난 아기에게도 유용한 선물인데, 포대기나 아기 이불은 물론 아기를 씻길 때에도 필요하기 때문이다. 이 밖에 아기의 첫 옷을 만들 옷감, 음식 등이 선물로 주어지고, 분유통은 호니아라에 사는 아누타 사람에게서 온다. 아누타에서 아이는 한 살이 되어 처음으로 생선을 먹는 의식을 치르기 전까지, 이웃들의 도움에 전적으로 의지하여 자라난다.

한 살 난 어린아이에게 처음으로 생선을 먹이는 의식을 '파앙가이 이카 Paangai Ika'라 하는데, '파앙가이Paangai'는 '먹이다', '이카Ika'는 생선을 각각 의미한다. 이 의식의 절차를 따라가 보면, 먼저 친할아버지가 아이를 안고 언덕 위로 올라 섬과 바다의 모습을 두루 보여 준다. 그사이 친척들과 이웃들이 한데 모여 음식을 준비한다. 친할아버지와 아이가 언덕에서 내려오면, 친지들이 모인 자리에서 아이에게 생전 처음으로 생선을 먹인다. 생선은 고구마, 타로 등 뿌리식물과 바나나, 코코넛의 과일에서 대부분의 영양을 섭취하는 아누타 사람들에게 반드시 필요한 단백질 섭취원이다. 그뿐만 아니라 생선 섭취는 바다와 밀접한 그들의 생활양식을 상징한다. 아이는 생선을 먹음으로써 비로소 아누타 사람으로서의 인생을 시작한다.

이웃들의 산모 방문은 단지 아기를 보는 데 국한되지 않는다. 아기를 씻기고 돌보는 것은 물론, 산모가 기력을 되찾을 때까지 마을 사람들이 돌아가며 산후 회복과 집안일을 돕는다. 에이린의 집을 찾은 이웃들은 너나 할 것 없이 아기와 첫인사를 나눈 후 곧장 부엌으로 향한다. 더운물을 끓여 아기를 씻기고, 나무를 다듬어 만든 전통 옷감으로 아이를 싸서 눕힌 후 재운다. 그리고 다시 부엌으로 가서 이번에는 산모가 먹을 만한 음식을 만든다. 이렇듯 아누타에서는 마을 공동체가 산모와 아이를 지켜 준다는 믿음을 공유하고, 아로파를 실천한다.

사실 아누타섬의 생태환경은 사람이 살기 최적의 조건은 아니다. 그럼에도 불구하고 2제곱킬로미터의 작은 땅에 300여 명의 주민_{아누타의 인구밀도는} _{방글라데시만큼 높은 수치이다}이 자급자족으로 생계를 유지할 수 있는 것은 이들의 땅 활용도가 높기 때문이다. 아누타는 남태평양의 섬들 가운데 가장 집약적이면서도 효율적인 농사를 짓기로 유명한데, 이곳 작물은 대체로 바람에 강한 뿌리열매이다. 아누타 사람들은 타로를 캐고 난 후 타로가 뽑힌 구멍에 카사바 나무 뿌리를 심는다. 4~7개월이 지난 후 나무뿌리를 수확하면 또다시 그 자리에 타로를 심는다. 땅속 깊이 뿌리를 뻗는 타로와 카사바는 주변 잡초를 자라지 못하게 하고, 바람이 심한 아누타의 환경을 이겨 내는 데 최적의 작물이다.

1년에 한 번, 강황을 수확하는 날에는 밭 주인의 집으로 모든 동네 사람들이 모인다. 카레 요리의 재료로 잘 알려진 강황은 아누타 사람들의 생활필수품이어서 강황을 가는 작업은 마을 사람 모두가 참여하는 중요한 일이다. 먼저 여인들이 엄지손가락만 한 강황을 바구니에 담아 해변가에서 씻는다. 아누타에서는 무엇을 하든 노래가 빠지지 않는데, 구전되는 가사에는 섬의 역사가 고스란히 남겨 있고 아름나운 화음은 전문 합창단에 버금갈 정도이다.

그렇게 한바탕 강황을 씻은 다음 남자들과 아이들이 합세해 강황을 갈고 빻는다. 이렇게 만들어진 강황즙은 음식의 향신료로도 쓰이지만 아누타의 주요 의식 때 얼굴과 몸을 치장하는 재료여서,_{강황을 얼굴과 가슴에 바르는 행위는 즐}

일 년에 한 번, 강황을 수확하는 날에는 밭주인의 집으로 모든 동네 사람들이 모인다.
카레 요리의 재료로 잘 알려진 강황은 아누타 사람들의 생활필수품이어서 강황을
가는 **작업은 마을 사람 모두가 참여하는 중요한 일**이다.

최후의 선택 아로파

거운 마음을 표상한다. 아누타 사람들은 강황을 바르고 있으면 행운이 찾아온다고 믿는다 밭 주인뿐만 아니라 모든 사람들이 함께 나누어 쓴다. 특히 강황은 성인식 등 마을의 큰 행사가 있을 때 요긴하게 사용된다.

아누타의 운명 공동체

촬영팀이 아누타에 있는 동안 두 번의 초상이 있었다. 고기몰이를 하던 날 밤에도 초상을 치렀다. 추장은 낮에 잡은 물고기를 장례식을 치르는 데 사용하기로 결정했다. 순식간에 퍼진 초상집 소문에 아누타 사람들은 여러 그룹으로 나뉘어 장례 절차에 필요한 모든 일을 분담하기로 한다. 각 가구당 적어도 한 명은 유가족과 함께 밤새 곡을 해야 한다.

조세핀의 할머니는 등에 난 종양이 악화되어 두 명의 망자 중 한 명이 되었다. 치료약을 구하지 못해 종양은 나날이 악화되었고, 가족들도 그 악취로 힘들어했다고 한다. 할머니는 긴 고통에 종지부를 찍고 고통 없는 세상으로 갔고, 조세핀은 생전에 할머니가 입던 옷을 목에 두른 채 장례식에 참석했다.

아누타에서는 사망 다음 날 기독교 방식의 장례식을 치른다. 유가족들은 망자에 대한 애도로써, 내탁 일주일에서 한 딜 동안 부엌에 들어가지 않으며 식사 때 생선을 먹지 않는다. 그동안 유가족은 이웃들이 돌아가며 음식을 가져다주기 때문에 망자의 죽음을 충분히 슬퍼한 후 마음을 추슬러 장례를 끝내는 축제를 열곤 한다.

다른 망자인 존이 죽은 지 일주일 후 유가족과 이웃들이 해변에 모였다. 그들은 불빛 하나 없는 어둠 속에서 존이 반평생을 함께했던 카누를 어루만지며 울었다. 아누타에서 희귀종인 칼로필럼 Calophyllum은 단단하고 가벼우며 물과 벌레에 강한 나무로, 워낙 희귀해서 대략 6개월에서 1년 정도 공을 들여 카누를 만드는 데 쓰인다. 이 기간 동안 카누를 만드는 사람들은 다른 일을 면제받을 수 있고, 하나의 카누는 여러 사람이 나누어 쓰기도 하는데 길게는 150년 정도 쓸 수 있다. 하지만 카누는 아누타 남자의 유일한 유품이어서, 남자가 죽으면 고인의 분신인 카누도 그 운명을 함께한다.

폴리네시아 신화에 의하면, 한때 세상은 어둠에 덮인 끝없는 바다뿐이었다. 어두운 바다에 살고 있는 창조신이 빛을 만들고 잠시 후 다시 어둠을 불러들여 낮과 밤을 만들었다. 이처럼 폴리네시아에서 바다는 세상의 시작이자 끝이다. 바다를 누비는 카누는 아누타 사람들에게 바다 위를 나는 새의 날개와도 같다. 태평양의 미크로네시아와 멜라네시아 카누는 앞과 뒤가 같은 모양인 반면, 아누타의 카누는 뱃머리와 선미船尾가 각각 새 머리와 꼬리의 형상이다. 이처럼 아누타의 남자에게 각별한 카누는 주인이 죽었을 때뿐만 아니라 망가지거나 침수되었을 때에도 카누만의 장례식을 별도로 치른다.

우리 삶의 전부인 네 덕분에 우리가 살았지.
네가 나에게 준 모든 것.
바다에서 가져다준 모든 것.

최후의 선택 아로파

나는 남았지만, 너는 더 이상 이곳에 없네.

바다에서 고기를 가져다줄 이가 이제는 없네.

너는 가고 내 삶은 없네. —카누 장례식 노래 중에서

존의 카누 장례식 다음 날, 모여든 아누타 남자들이 카누를 부순다. 이들은 존과 함께 카누를 타고 어로를 함께했던 사람들로서, 카누는 그들과 생사고락을 함께했던 동료나 진배없다. 그런 카누에 남자들의 도끼가 닿은 지 몇 시간이 흐르자, 카누는 한낱 장작더미가 되었다. 사람들은 뱃머리 장식을 모래에 꽂고 잠시 존과 카누를 위한 기도를 올린다. 장작더미가 된 카누는 장례식 음식을 준비할 부엌으로 옮겨진다. 장례식의 마무리를 장식할 축제 음식을 달굴 불씨로 쓰임으로써 카누는 마지막까지 아누타 사람들과 함께한다. 물론 축제 음식은 모두 모여서 함께 만든다.

예전에는 고인을 묻은 지 한 달 정도 이후에야 장례식 잔치를 치렀다고 한다. 그러나 요즘에는 집집마다 제각각이다. 일주일 후 혹은 보름 후 잔치를 치르는 집도 있다. 그에 대한 결정만큼은 유가족뿐만 아니라 추장과 마을 사람들이 함께한다. 아누타에서는 탄생에서 죽음까지 인생 모든 단계를 공동체가 함께하지만, 특히 장례식은 마을 전체가 참여하는 가장 중요한 의식이다.

카누로 피운 불씨가 돌들을 충분히 달구면, 비로소 축제가 시작된다. 그동안 고인을 보낸 슬픔에 잠겨 있던 유가족들은 이날부터 부엌에 들어가도 된다. 애도 기간이 끝난 것을 기념하는 특별한 행위로서, 요리를 하기 위해 불로 달군 돌이 어느 정도 뜨거워지면 지붕 위로 던진다. 그리고 고인의 모든 것을 태운다는 의미에서 모든 사람들이 한꺼번에 불씨를 휘 젓는다. 시간이 지날수록 돌과 사람들의 열기가 뒤섞여 잔치 분위기는 달 아오른다.

한바탕 불씨 뒤집기가 끝나면 본격적으로 남녀가 함께 음식을 준비한 다. 평상시 먹는 것보다 훨씬 손이 많이 가고 재료도 다양한 음식들이다. 모두 추장과 마을 사람들이 가지고 온 재료로 만드는데, 떡과 비슷하게 생긴 코코넛 푸딩은 여러 재료를 삶고 으깬 다음 코코넛 밀크를 짜 넣은 후 다시 쪄야 하는 번거로운 음식이지만 여럿이 즐겁게 준비한다. 모든 채소는 불에 익힌다. 마을 사람 전체가 먹을 음식인 만큼 그 양도 어마어 마하다.

해가 지자 하루 종일 준비한 음식들이 마을 앞마당에 집집마다 한 바구 니씩 놓인다. 잘 구운 고기를 껍질까지 일일이 벗겨 내어 나뭇잎으로 하 나하나 포장해 담아 놓았다. 드디어 마을 사람들이 한자리에 모여 식사를 할 차례다. 식사가 끝날 즈음 존의 유가족이 자리에서 일어나 춤을 추면 이내 마을 사람들 전체가 일어나 춤을 춘다. 슬픔이 아니라 기쁨과 행복 의 춤사위이다. 아누타 사람들은 이웃이 행복해야 자신이 행복할 수 있다 고 믿기에, 함께 슬퍼하고 함께 즐거워한다.

최후의 선택 아로파

우리 삶의 전부인
네 덕분에 우리가 살았지.
네가 나에게 순 모는 것.
바다에서 가져다준 모든 것.
나는 남았지만,
너는 더 이상 이곳에 없네.
바다에서 고기를 가져다줄 이가 이제는 없네.
너는 가고 내 삶은 없네.

CHAPTER 4
공존, 생존을 위한 선택

아로파,
아누타의 미래

아누타섬에 아침부터 비가 내리자, 아이들의 목소리가 분주해
진다. 잠시 후 숲을 나오는 아이들 머리 위에는 하나같이 큼직한 타로잎
이 씌어 있다. 세찬 비에도 끄떡하지 않는 최고의 우산, 제 몸보다 더 큰
타로잎을 들고 학교로 향하는 아이들의 책가방은 포대로 만들어졌다. 제
대로 갖춘 것은 없어도 학교로 향하는 아이들의 표정만은 밝다.

아누타섬의 유일한 학교는 교가를 부르며 수업 시작을 알리는데, 외딴
섬이라 해서 배우는 게 특별하지는 않다. 여느 초등학교와 다를 바 없어,
학생들이 수학을 어려워하는 것도 그렇고 수업이 끝나는 종소리를 반기
는 것도 똑같다. 학교 청소도 아이들 스스로가 한다.

아이들의 배움은 학교에서 끝나는 게 아니다. 아누타에서 가장 큰 카누
라피타호의 선장인 모펫은 별을 보며 길을 찾는 아누타 최고의 항해사이

다. 모펫은 삼촌에게서 배웠던 아누타 전통 항해술을 이제 아이들에게 전수한다. 아누타 아이들은 모펫처럼 멋진 항해사가 되는 꿈을 품는다. 모펫은 자신이 배웠던 대로, 항해에서 가장 중요한 것은 별과 파도를 읽는 법임을 아이들에게 가르친다.

"이 별들이 섬이 어디에 있는지 알려 준단다. 별을 잘못 읽으면 배가 다른 방향으로 가지. 그래서 별 이름을 다 외워야만 어떤 별이 어떤 섬을 가리키는지 알 수 있어. 만약 날씨가 나빠서 별이 안 보이면 파도를 따라가야 해. 손을 바닷속에 집어넣으면 파도의 방향을 알 수 있거든."

아누타의 아이들은 유년기를 지나면 직접 카누를 타고 항해술을 익히기 시작한다. 보통 남자아이들은 일곱 살이 되면 아버지를 따라 카누를 타고 바다로 나간다. 이때는 어떻게 물고기를 잡는지, 어떻게 노를 젓는지를 관찰하며 카누 바닥에 고인 물을 퍼내는 역할을 맡는다. 그리고 열 살이 넘으면 정식으로 물고기를 잡는 의식을 치른다. 이를 '바이파Vai Pa'라고 하는데, 여기서 '파Pa'는 '아로파'를 줄인 말로 '바이파'는 '사랑의 물' 혹은 '연민의 물'을 뜻한다. 아무런 보호 장비 없이 첫 어로를 나선 소년들을 감싸는 바다를 은유하는 말이기도 하다.

열두 살 동갑내기 친구인 앤드루와 기프티는 다음 날 행할 바이파를 앞두고 카누의 노 젓기 연습을 위해 해 질 녘 해변을 찾았다. 두 소년은 처음으로 먼바다에 나가 어른들처럼 잠수를 하여 물고기를 잡는 타쿠라쿠라를 해볼 것이다. 태어날 때부터 바다가 놀이터인 이 아이들에게도 먼바다는 두렵고도 기대되는 경험이다.

드디어, 먼바다로 나가는 항해의 아침이 밝았다. 두 소년의 부모는 '마미mami'라는 깨끗한 천을 아이의 허리에 두르고 강황즙을 얼굴과 온몸에 바르며 아이의 행운을 빈다. 그리고 아이들만의 어로 장비를 건넨다. 낚싯줄과 허리춤에 매는 물고기 주머니가 전부이지만, 자신의 어로 장비를 갖는다는 건 아누타 남자로서의 삶이 시작되었음을 의미한다.

바이파 소년들의 첫 항해에는 여러 명의 성인 남성이 함께한다. 앤드루와 기프티의 바이파에도 대략 15명의 성인 남성이 동행했다. 바이파에 성인 남성이 동행하는 것은 아이들을 보호하기 위함일 뿐만 아니라, 다 같이 물고기를 잡고 잡은 고기를 나누는 아누타 남자들의 삶 그 자체를 의미하는 것이기도 하다. 하지만 아버지는 제 아이와 같은 배에 타지 않고, 주로 작은아버지가 아이의 보호자 역할을 맡는 게 전통적이다.

항해의 첫 번째 관문은 카누를 바다에 띄우는 것이다. 카누를 바다에 띄우기 위해서는 반드시 여럿이 힘을 합쳐야 한다. 배가 어느 정도 깊은 바다에 나가면 이내 고기잡이가 시작된다. 먼저 성인 남자들이 미끼를 물고 바다에 뛰어들고, 앤드루와 기프티가 그 뒤를 따른다. 타쿠라쿠라는 처음이지만, 잠수는 아누타 아이들이 어렸을 때부터 몸에 익혔던 놀이여서 어렵게 여기지 않는다. 곧이어 낚싯줄에 신호가 오자, 기프티는 줄을 올려 곧장 물고기의 아가미를 깨물어 숨통을 끊은 다음 주머니에 넣는다.

바다에서 돌아온 아이들은 작은아버지의 등에 업혀 해변으로 오른다.

아이들의 손에는 물고기가 담긴 바구니가 제각각 들려 있다. 마을의 어른들은 두 소년을 위해 향잎이 우러난 따뜻한 물을 준비해 몸을 닦아 주고, 영양가 높은 음식을 먹인다. 바이파는 단순히 물고기를 잡는 기술을 전수하는 학습의 장이 아니며, 아이들과 어른이 함께 물고기를 잡으며 협동의 아로파를 전하는 의례로 작동함을 지켜볼 수 있다. 아버지는 아이들이 바이파를 무사히 통과한 것에 감격을 표한다.

이렇듯 아누타의 소년은 공동체의 보호를 받으며 인생의 매 단계 배워야 할 것들을 의례적으로 익힌다. 바이파를 통과한 아이들은 이제 아누타의 남자로 거듭났고, 아누타를 위해 무엇인가를 할 수 있는 사람이 되었다.

공생을 지속시키는 아로파 정신

아누타는 언제나 아이들의 웃음이 넘쳐 난다. 열악한 자연환경 속에서도 위기는 그들에게 지혜를 가르쳐 주었고 웃음을 남겨 놓았다.

1년에 수차례씩 지나는 태풍 때마다 배를 띄우기는커녕 농사짓는 밭마저 엉망이 되어 버리는 아누타. 지난 2003년, 이 섬을 휩쓴 어마어마한 태풍의 위력에 사람들은 약 1년 동안 복구 작업에 매달려야 했다. 그 후 마을 사람들은 더 큰 피해를 막기 위해 태풍 예방에 나섰는데, 마을을 둘러싼 방파제마다 구역별 관리자를 정해 어느 방파제라도 무너질 것 같으면 해당 구역 사람들이 즉각 보수하는 시스템이 작동되었다. 이렇듯 시시때때 위기가 찾아와도 그때마다 공동체는 더욱 공고해지고 '아로파'에 대한 믿음도 드높아졌다.

두 소년의 부모는 마미라는 깨끗한 천을 아이의 허리에 두르고
강황즙을 얼굴과 온몸에 바르며 아이의 행운을 빈다. 그리고
아이들만의 어로 장비를 건넨다. 장비는 낚싯줄과 허리춤에 매는
물고기 주머니가 전부이지만, 자신의 **어로 장비를**
갖는다는 건 아누타 남자로서의 삶이
시작되었음을 의미한다.

최후의 선택 아로파

촬영팀이 아누타에 도착했을 당시 둘러본 마을의 식량 사정은 그리 넉넉한 편이 아니었다. 코코넛을 제외하고는 모든 작물이 귀했다. 바나나 나무에는 바나나가 보이지 않았고, 주식인 타로는 거의 볼 수조차 없었으며 대부분의 타로밭에는 카사바가 자라고 있었다. 풍요와 거리가 먼 모습은 아누타 아이들의 얼굴과 몸 곳곳에 핀 마른버짐에서도 발견할 수 있었다.

그들과 며칠간 생활을 함께한 우리는 그것이 해충의 피해임을 쉽게 짐작할 수 있었다. 보통 열대지방의 가옥들이 지열과 각종 해충을 피하기 위해 땅에서 높이 떨어진 데 지어지는 것과 달리, 아누타의 가옥은 땅바닥에 야트막하게 지어져 있었다. 바람이 많이 불어 집을 높이 지을 수도 없다. 집 안에서도 거의 앉아 이동해야 할 정도로 천장이 낮다. 똑바로 서는 경우는 지붕 아래 저장 공간에서 무언가를 꺼낼 때뿐이다. 바닥에는 코코넛잎을 엮어 만든 매트를 깔아 놓았지만 파리, 모기, 바퀴벌레 때문에 아누타 사람들은 피부병을 달고 산다.

아누타는 영양 섭취 면에서도 매우 열악했다. 곡물과 과일 및 생선이 주요 섭취원이고 20세기 이후에야 닭을 방목하여 단백질을 섭취할 수 있었다. 포유동물은 사람과 쥐가 전부인 아누타에서 그나마 고양이를 들여 쥐의 과다번식을 막아 냈다. 1970년대를 전후해서 개를 들였다가 고양이와 닭을 잡아먹는 바람에 내쫓았고, 유럽인이 여행 중 두고 간 돼지를 사육하려 했으나 타로밭을 망가뜨리고 사람에게 전염병을 옮기는 바람에 사육을 금지한 상황이었다.

그나마 아누타의 앞바다에서는 열대의 다양한 어종은 물론, 참치와 상어 같은 큰 물고기도 걸려든다. 고래도 가끔 수면 위로 떠오르지만, 아누타 사람들은 고래를 포획하진 않는다. 누군가 바다에서 길을 잃으면 고래가 그들을 집으로 인도해 줄 것이라 믿고 있기 때문이다. 이런 연유로 그들은 돌고래를 "바다의 우두머리"라 부른다. 바다거북도 종종 수면 위로 오르지만 잡기가 수월하지 않다.

아누타 사람들은 언제 들이닥칠지 모르는 태풍과 기근에 대비하는 방법을 나눔의 가치, '아로파'에서 찾았다. 이처럼 부족한 식량 사정에도 불구하고 서로를 돕는 아로파의 실천을 일상화함으로써 공동체의 안전을 도모하고 있다. 만약 아누타에서 공동체의 안위보다 자신의 이익을 앞세운 사람이 더 많았다면 아누타의 삶은 지금처럼 존속될 수 있었을까.

파도가 높아 바다에 나가지 못하는 날 마을 사람들은 자연스럽게 가까운 해변에 모여든다. 돌담을 쌓아 고기를 잡을 요량인데, 혼자라면 엄두도 나지 않을 일이지만 함께하기에 긴 돌담은 금세 모습을 드러낸다. 고기를 잡는 데에도 역할 분담이 확실하다. 한쪽에서 고기를 몰면 다른 한쪽에서는 작살을 들고 때를 기다린다. 힘을 합치면 일은 쉽고 수확은 늘어난다. 아이들까지 제몫을 톡톡히 해내면 금상첨화다.

아로파의 메시지

촬영팀이 촬영을 마치고 아누타섬을 떠나던 날, 일반인의 상식으로는 도저히 납득할 수 없는 광경이 벌어졌다. 아누타 사람들 모두가 목 놓아 우는 장면이었다. 비록 한 달여 짧은 기간이었지만 아누타 사람들은 촬영팀을 식구로 받아들이고 공동체 구성원으로 대했기에, 작별의 순간을 진심으로 슬퍼했다.

촬영팀은 출발하기 앞서 300여 명의 주민과 일일이 작별 인사를 나누었다. 촬영팀은 아누타를 떠나는 순간 비아누타 사람이 되지만, 다시 돌아온다면 한 번 받아들인 아누타 식구이기에 다시 아누타 사람으로 소속될 수 있다. 촬영팀은 그때까지 경험하지 못했던 작별의 눈물에 당황했다가 이내 그들의 마음을 받아들여 진심이 담긴 눈물로 화답했다.

이들 아로파의 힘은 대체 어디에서 흘러나오는 것일까. 그것은 분명 사랑과 자비의 기독교적 원리만으로 해석할 수 없으며, 공동의 소유권, 생산, 분배 등 공산주의의 경제적 원리와도 등치시킬 수 없다. 인류 공동체가 성립된 이래 문명의 역사가 실패의 교훈으로 보여 준 메시지, 생존하기 위해서는 공존을 모색해야 한다는 이 단순한 사실을 그들은 아로파의 실천을 통해 생활 속에서 자연스레 구현하고 있을 따름이다. 자신의 욕망에 충실하도록 길들여져 마침내 욕망이란 투쟁의 장에서 빼앗지 않으면 뺏긴다는 논리로 무장되었던 자본주의적 인간형은, 아누타 사람들이 보내는 환대의 메시지를 떠날 때에야 비로소 깨달았다.

그러니까, 태초에 아로파가 있었다. 인간이 처음으로 나타났을 때 그네들이 삶을 펼치던 지구의 자연환경은 결코 우호적이지 않았고 현재의 아누타섬보다 적대적인 곳은 도처에 널려 있었다. 그러한 환경 속에서 인간들이 '탐욕적 개인'으로 뿔뿔이 흩어져 '각자도생'을 외치며 살았다면 과연 인류는 존속할 수 있었을까? 아득한 옛날부터 인간은 항상 집단을 단위로 생존을 도모했으며, 그 집단의 성공 여부와 척도는 집단이 품었을 제각각의 아로파에 달려 있었다.

하늘 아버지와 땅 어머니가 인간을 품어 땅 위에 내려놓을 때 자식에게 내어 준 가장 소중한 보물이 바로 아로파이다. 이것으로 인간은 의식주를 해결하고 높은 수준의 물질 문명을 이룩했으며 정신 문명까지 일구어 낼 수 있었다. 인류의 역사 아래 '아로파'의 이야기가 면면히 흘러 내려온 게 틀림없다.

이러한 '아로파'가 현대 산업사회에서도 가능할까? 목가적이며 또 낭만적으로까지 들리는 이 아누타 사람들의 삶과 복합적인 고도의 산업사회는 다르지 않을까? 이미 프롤로그에서 살펴본 논리대로 산업 문명이 시작되고 기계를 사용하게 된 이상, 옛날의 경제 형태는 그야말로 모두 옛 것이 되어 버리고 오로지 자본주의적 조직 방법만이 유일무이한 현실이 된 게 아닐까? 그렇다면 자본주의의 기초를 이루고 있는 '탐욕적 개인'이라는 인간상도 오늘날 현대인들이 싫어하든 좋아하는 상관없이 받아들여야만 하는 결과물이 아닐까? 요컨대 산업사회에서 자본주의와 탐욕적 개인이란 인류의 숙명이 아닐까? 산업사회도 아로파로 조직되는 일이 가능할까?

그러니까,
태초에 아로파가 있었다.

CHAPTER 4
공존, 생존을 위한 선택

산업사회에서의
아로파

참으로 먼 길을 달려왔다. 날로 극심해지는 빈부 격차 속에서 글자 그대로 끼니를 잇지 못하는 서민들의 고통을 철저히 개인의 문제로 돌리면서 아무렇지도 않은 미국 우파 정치인들의 연설을 만약 멜라네시아와 파푸아뉴기니 원주민들이 듣는다면 어떻게 생각할까. 젖을 팔다가 정작 자기 아이에게 줄 젖이 말라 버린 상하이의 가난한 어머니, 상류층 남자들의 파티장에 초대되기 위해 '정육점 고기'가 되어야 하는 상하이 젊은 여성을 리디그 꽃 치녀들이 마주한다면 어떤 이야기가 오갈까?

도덕주의자가 되어 어느 한쪽을 열렬히 옹호하고 다른 쪽을 신랄하게 비난할 생각은 없다. 인류 역사가 흘러온 데에는 나름의 법칙이 있었고, 그리 간단한 흑백 논리로 풀이될 양태는 아니기 때문이다. 어쨌거나 오늘날 자본주의는 극성스러운 존재가 되었으며, 출발점을 돌이켜 보건대 너

> 오늘날 자본주의 사회에 이르러, 기계제 생산과 산업 문명이
> 성립하기 위해 반드시 '사회'가 해체되어야 했으며 인간이
> 굳이 탐욕적 개인으로까지 변질되어야만 했는지 되묻지
> 않을 수 없다. 아로파는 아누타섬에서만 가능한 가치일까?

무 멀리 와버렸다는 느낌만은 지울 수 없다.

이미 프롤로그에서 '탐욕적 개인'이 자본주의의 주류가 된 데에는 기계제 생산에 기반한 산업사회의 도래가 결정적 역할을 했다고 밝힌 바 있다. 기계의 합리성과 효율성에 따라 투입되는 인적·물적 자원이 탄력적이고 유기적으로 공급되며 결합되기 위해서는 인간들 모두가 '탐욕적 개인'으로 변할 필요가 있었다. 하지만 200년이 지나 극도의 비인간화를 겪는 오늘날 자본주의 사회에 이르러, 기계제 생산과 산업 문명이 성립하기 위해 반드시 '사회'가 해체되어야 했으며 인간이 굳이 탐욕적 개인으로까지 변질되어야만 했는지 되묻지 않을 수 없다. 진정 아로파는 아누타섬에서만 가능한 가치일까? 아로파와 같은 나눔과 협동의 가치가 산업사회에 깃들기란 불가능한가?

19세기 초 영국과 프랑스에서 자본주의가 본격화되던 시점에, 인간과 인간의 협동과 연대를 통해 산업 문명을 건설하자는 운동이 생겨난 바 있다. 프랑스의 앙리 드 생시몽Henri de Saint-Simon이나 영국의 로버트 오언Robert Owen 등을 중심으로 일어났던 '초기 사회주의' 운동이 그것이다. 이는 계

급투쟁을 내세워 혁명적 수단으로 자본주의를 타도하자는 공산주의 운동과 혼동되어 이후 200년 동안 숱한 오해를 받기도 하고 냉전 시대 공산주의 체제 속에 침잠하기도 하는 등 갖은 풍랑을 겪지만, 19세기 초부터 마르크스와 엥겔스의 《공산당 선언》이 출간되는 1848년 이전까지 존재했던 '초기 사회주의'로서 공산주의와는 엄연히 달랐다. 자본주의가 내건 탐욕적 개인에 맞서서 사회를 재건해야 한다는 주장을 담아 '사회주의'를 제창했던 이 운동은, 산업사회를 구성하는 모든 인간 집단이 금전과 이윤이 아니라 서로에 대한 인간적 신뢰와 연대에 바탕한 공동체 정신에 입각하여 산업을 조직하는 세상을 꿈꾸었다.

비록 초기 사회주의 운동은 1848년 이후 마르크스주의가 사회주의와 공산주의를 통합하여 그 지배적 위치를 장악하게 되면서 뒷전으로 밀려나지만, 그 이후 산업사회를 구성하는 데 결코 무시할 수 없는 중요한 경제 형태의 하나로서 협동조합 운동을 남겼을 뿐만 아니라 20세기 중반 이후 특히 북유럽 사회민주주의 형태의 복지국가로 맥을 잇는다. 이러한 흐름은 고도의 산업사회라 해도 아로파의 정신으로 조직되고 운영되는 형태가 존재할 수 있음을 입증한다.

초기
사회주의 운동

      1848년 이전까지만 해도 '사회주의'와 '공산주의'는 뚜렷이 구분되는 별개의 사회 운동이었다. 마르크스주의자들이나 혹은 그러한 시각에서 지금까지 둘을 이해해 왔던 이들에게는 낯설게 들릴지 모르지만, 이는 뒤르켐이나 리히트하임George Lichtheim 그리고 홉스봄Eric Hobsbawm 과 같은 역사가들이 공히 지적하는 바이다. 단적으로 말해서, 공산주의란 피억압 대중이 혁명적 봉기를 통해 사적 소유 제도를 폐지하고 사회경제적 평등을 이룰 것을 꾀하는 운동 및 사상이라 할 수 있다. 이러한 의미에서의 공산주의 사상은 이미 프랑스혁명 이전 마블리Mably 와 같은 프랑스 사상가에게서 나타난 바 있으며, 프랑스혁명 와중에는 바뵈프François Noël Babeuf 와 그가 이끄는 소위 '평등자의 음모La Conjuration des Égaux'에서 실제로 사적 소유를 폐지하기 위한 폭력적 운동으로도 나타난 바 있다. 비록 이들은 봉기 직전 음모가 발각이 나 모두 형장의 이슬로 사라지고 말았지만, 그 후에도 그들의 사상은 계속해서 유럽 전역으로 흩어져 19세기 내내 폭력적 혁명 운동을 주도하는 원동력이 되었다. '공산주의 communisme'라는 명사 자체가 바뵈프 제자들의 사상을 일컫는 용어로 나타난 말이었다.

반면 사회주의는 1827년에서 1832년 사이 영국과 프랑스에서 등장한 용어로, '탐욕적 개인'을 앞세우는 부르주아들의 사회사상과 시장 경제라는 구상에 반대하는 사회를 재건하여 이것으로 고도의 산업 경제를 구성할 단위로 삼자는 일체의 운동을 일컫는다. 요컨대 공산주의는 자본주의의 반대말이라 할 수 있지만, 사회주의는 적어도 19세기 전반기까지는 개인주의의 반대말이었다. 이 운동은 초기 자본주의의 최대 희생물이었던 하층 노동계급 및 프롤레타리아에 대해 대단히 우호적이었고 그들의 안녕과 행복을 최우선 과제로 삼았다. 또 인간과 사회를 마구잡이로 파괴하는 자본주의 및 시장 경제 그리고 사적 소유에 대해서도 비판적 입장을 견지했다. 하지만 이들은 계급투쟁을 벌여 국가 권력을 쟁취한다든가 하는 생각과는 거리가 멀었고, 사적 소유가 없는 유토피아를 상상하기는 했지만 이를 위해 폭력적 수단을 동원하자는 주의의 운동은 결코 아니었다.

이들 사상의 핵심은 다른 데 있었다. 인류가 산업 문명이라는 새로운 단계로 진입했으며 산업 문명이 모든 이들의 행복과 번영 그리고 최대의 효율성을 달성하기 위해서는 모든 사람이 형제자매가 되어 철저히 믿고 연대하는 '사회'를 구성해 내야만 한다는 주장이었다. 요컨대, 고도로 발달된 산업 문명이 인간을 파괴하는 괴물이 되는 것을 막기 위해, '탐욕적 개인'이 아닌 신뢰와 연대에 기반을 둔 '사회'가 경제 조직의 단위 및 그 기초가 되어야 한다는 주장이었다.

앙리 드 생시몽, 새로운 기독교

비록 본인은 '사회주의'라는 말을 쓴 적이 없지만, 앙리 드 생시몽이 사회주의 사상 및 운동의 창시자라는 데에는 누구도 이견을 달지 않을 것이다. 몰락한 귀족 집안에서 태어난 그는 미국의 독립전쟁에 참전하기도 하고 프랑스혁명 당시 자코뱅에 의해 사형 선고를 받기도 했다. 혁명이 끝난 뒤 부동산 투기로 엄청난 돈을 버는 등 실로 파우스트 같은 역동적 삶을 살다가, 결국 새로운 산업사회에 걸맞은 새로운 사회사상을 만들어 내야 한다는 자신의 '역사적 사명을 자각하고' 저술 및 사상 활동에 전념하게 된다.

사실 제대로 글을 쓸 줄도 몰라 항상 뛰어난 학식의 비서들, 즉 역사가 기조François Guizot 그리고 사회학의 창시자 콩트Auguste Comte 의 도움을 받아야 했던 그였지만, 그가 내놓은 사상만큼은 스케일의 원대함과 발상의 독창성 그리고 놀랄 만한 예지력 등에서 마르크스를 포함한 그 어떤 사회주의 사상가도 감히 따라올 수 없는 경지를 보여 주었다. 생시몽의 주장에 의하면, 어느 날 밤 꿈에 자기의 먼 조상이라 믿었던 샤를마뉴 대제가 나타나 "나는 세속의 세계에 대왕국을 건설했으니, 너는 정신의 세계에 대왕국을 건설해라"라고 했다던가. 그 꿈은 넘치게 실현되었다 해도 과언이 아니다.

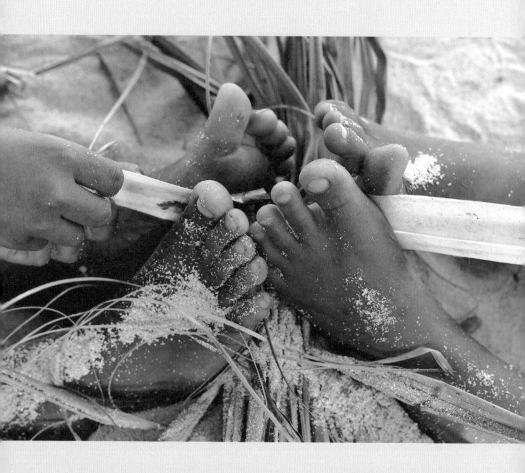

모든 인간이 하나의 공동체로 견고하게 연대할 때
산업 문명 또한 최상의 효율성에 도달할 수 있다. 이렇게 발달한 산업과 인간
공동체의 비전을 함께 추구하는 것이야말로, 생시몽 그리고 이후 사회주의 운동을
다른 종류의 보수적 낭만주의에 입각한 자본주의와 구별 짓는 핵심적인 특징이다.

최후의 선택 아로파

그가 본 18세기 말에서 19세기 초의 프랑스와 유럽은 엄청난 변화의
시대였지만, 다른 동시대인들과 달리 그가 본 진정한 변화는 정치적 시민
혁명이 아니었다. 기계제 생산을 앞세운 산업 시대의 도래가 그 본질이었
으니, 오늘날 쉽게 쓰이는 '산업적'이라는 말을 만든 이가 생시몽이었다.
이제 인류의 정신은 종교와 형이상학에 휘둘리던 몽매한 시절을 지나 바
야흐로 과학의 시대로 돌입했으니, 인간사회의 토대가 되는 경제생활 또
한 그러한 과학의 원리에 따라 재조직될 터였다. 이 또한 본래 생시몽의 사상으로서, 훗날 마르
크스가 적극적으로 답습한다

이 시대는 종교나 신학을 신봉하고 그에 따라 사회와 경제가 조직되던
때와는 분별되어, 전혀 다른 계급과 원리가 요구되었다. 이전의 지배층이
귀족과 성직자였다면 이때부터의 지배계급은 '산업가들', 즉 실제로 생산
활동을 조직하고 수행하는 기술자들과 자본가들 그리고 노동자들이었다.
이 새로운 지배계급은 과학의 힘을 빌어 산업적 효율성과 만인의 평등 및
자유라는 이상에 입각한 사회를 운영하게 될 운명이었다.

생시몽의 진정한 천재성과 예지력이 돋보이는 아이디어는 따로 있었
다. 그는 아직 제대로 현실에 나타나지도 않은 '산업사회'가 어떤 위험 요
소를 가질지 정확하게 깨닫고 있었다. 과거 종교나 형이상학에 깃눌렸던
사회에서 빠져나온 것은 축복할 만한 일이었지만 그 과정에서 잃어버린
대단히 소중한 것이 있었으니, 모든 이들이 공동의 신앙과 가치관을 바
탕으로 서로를 형제와 자매로 여기는 '유기적 사회'가 그것이다. 만약 산
업사회가 과학에 입각한 기술적 효율성과 경제적 합리성으로만 조직된다

면, 이에 참여하는 모든 인간들도 오로지 기술적 지식과 자기 이익에 대한 관심만으로 움직이는 인간이 될 것이다. 이는 곧 파멸을 의미했으니, 산업사회가 인간에게 진정으로 복무하는 방향으로 운영되고 작동하려면 모든 인간이 다른 모든 인간에게 어떻게 봉사해야 진정 행복한가에 관심을 갖고 있을 때에만 가능했다. 그런데 과거 서로에 대한 사랑과 관심 그리고 연대의 감정을 일으키던 장치인 종교가 퇴물이 되고 말았다.

그래서 생시몽은 죽기 직전에 집필한 마지막 저서《새로운 기독교 Nouveau Christianisme》에서 새로운 종교를 창시해야만 한다고 강력하게 주장한다. 물론 이 종교는 예전처럼 신에 대한 맹목적인 신앙과 복종에 근거한 것이 될 수는 없었다. 새 시대 인간들이 정말로 믿는 것은 오로지 과학뿐이니, 이 '새로운 기독교'는 과학에 근거할 수밖에 없었다.

그에 따르면 과학은 산업사회가 어디로 발전해 갈지 또 그에 따라 인류의 미래가 어떻게 전개될지에 대해 모든 사람들이 믿지 않을 수 없는 강력한 비전을 보여 줄 수 있어야 하고, 사람들이 이를 '과학'으로 받아들임으로써 예전 종교가 사람들의 가치관과 감정을 만들어 내던 것과 동일한 위력을 가질 수 있다. 이 새로운 종교를 통해 사람들에게 서로의 행복을 위해 함께 돌보고 연대해야 한다는 '감정les sentiments'을 불러일으킬 수 있는데, 모든 인간이 하나의 공동체로 견고하게 연대할 때 비로소 산업 문명 또한 최상의 효율성에 도달할 수 있다. 이렇게 발달한 산업과 인간 공동체의 비전을 함께 추구하는 것이야말로, 생시몽 그리고 이후 사회주의 운동을 다른 종류의 보수적 낭만주의에 입각한 자본주의와 구별 짓는 핵심적 특징이다.

로버트 오언, 생산자들의 공동체

사상의 독창성 면에서는 생시몽에 견줄 바 아니지만, 사회주의 운동사에 미친 영향 면에서 그를 능가하는 이는 영국 사회주의의 시조인 로버트 오언Robert Owen이다. 그는 본래 뉴래나크New Lanark의 자본가 및 공장 경영자로서 엄청난 성공을 거두었다. 실제로 공장을 경영하던 오언은 '프롤레타리아들'고용되면 노동자, 실직하면 범죄자이자 부랑자인 존재과 긴밀하게 함께 일할 때가 많았고, 그 과정에서 자본주의의 방식으로 조직된 산업 문명이 인간을 얼마나 철저히 파괴하는지를 목도하면서 몸서리쳤다.

그가 보기에 본래 악하거나 게으른 인간은 없으며, 모든 인간은 태어나고 자란 환경의 산물일 뿐이다. 그런데 자본주의적 산업 문명은 모든 이들에게 이익과 굶주림이라는 두 가지 동기로만 움직이는 경제적 동물을 요구하는 바, 여기에서 일을 시키는 쪽이나 시킴을 당하는 쪽이나 모두 동물과 다르지 않은 존재여서 그 질이 낮아지게 된다는 게 그의 생각이었다. 하지만 산업 문명이 반드시 이러한 자본주의의 인간형으로만 조직되어야 하는 것은 아니며, 게다가 이는 일하는 사람의 능력을 완전히 파괴하여 심각한 비효율로 귀결시킨다는 게 오언의 생각이었다.

그는 자신의 생각이 결코 책이나 읽어 대는 지식인 벅물오언은 교육을 제대로 받지 못한 사람이었기 때문에 지식인에 대한 콤플렉스가 많았다고 한다의 몽상이 아니라, 뉴래나크에 있던 자신의 공장을 운영하며 스스로 검증해 낸 절대적 진리라고 외쳤다. 실제로 그의 공장은 짧은 노동 시간과 인간적인 노동 조건으로 유명했다. 그럼에도 불구하고 혹은 바로 그것 때문에 엄청나게 높은 생산성을 얻어 사업적으로도 큰 성공을 거두었고, 급기야 온 유럽의 명사들이 방문하여 견학하는 곳이 되었다. 그는 자신의 성공에 고무되어 뉴래나크 공장 모델을 온 영국에 표준적 노사 모델로 만들고자 하여, 이를 법령화하기 위한 사회 운동을 벌였다. 그러자 그때까지 우호적이거나 반쯤은 호의적이었던 인사들, 무엇보다도 전 영국의 공장주들이 일제히 그의 적으로 돌아선다. 결국 1810년대 말에 이르러 그의 노력은 완전히 물거품이 되고 만다.

다행히 이것은 오언에게 중대한 전환점이 되었다. 그는 지배층과 공장주 및 자본가들을 통해 공장 및 자본주의를 개혁하는 방법을 포기한 채, 비참한 처지의 노동자들과 생산자들을 직접 설득하는 방향으로 선회한다. 그가 내건 원리는 아주 명쾌하고도 단순했다. 자본주의가 모든 인간으로 하여금 자기 이익만 생각하여 돈만 좇아 행동하는 '탐욕적 개인'으로 행동하라 강요하기 때문에 사회가 파괴되고, 결국 인간들은 시장에서의 무한 경쟁에 내몰리게 된다. 그리하여 경쟁에서 불리한 위치에 있거나 아예 실업 상태인 이들은 아무도 돌보지 않고 인간으로서의 존엄마저 박탈당하게 된다. 그렇다면 생산 능력을 가지고 있음에도 불구하고 자본주의의 논리 때문에 삶의 기회를 박탈당한 이들이 함께 모여 서로 믿고 의지하면서 '협동과 신뢰'라는 원리로 경제 공동체를 일구면 되지 않겠는가? 이를 통해 새롭게 형성되는 '사회'야말로 산업 문명의 미래를 책임질 수 있는 유일한 주체가 아니겠는가?

이렇게 주장한 오언은 생시몽과 달리 철저한 무신론자요 반기독교의 입장에 서 있었다. 따라서 오늘날 인간을 실질적으로 인간다운 존재로 구원할 수 있는 것은 저 허깨비 같은 '천국'과 '영혼'의 이야기가 아니라, 현세에서 산업 문명을 제대로 인간답게 통제하고 조직할 수 있는 '사회'를 만드는 것뿐이었다. 그의 사상으로 발발한 영국의 노동 운동 및 사회주의 운동은 사람들의 협동과 신뢰에 기초한 '사회'를 하나의 신으로 모시는, 종교와도 같은 정신적 태도를 지니고 있었다.

이를 위해 오언은 미국과 영국과 유럽 대륙을 오가며 여러 산업 공동체를 조직하는 실험을 거듭하는 데 전 재산을 바쳤지만, 안타깝게도 모두 실패로 끝나고 말았다. 그러다 1830년대로 들어설 무렵 오언은 아주 새로운 방향에서 '협동과 신뢰'의 경제 조직을 착상하곤 실험에 돌입했다. 이른바 '노동교환소Labour Exchanges'로, 당시에는 파죽지세였던 자본주의적 시장 경제에 밀려 뛰어난 생산 능력을 갖춘 전통적 수공업자들과 기술자들이 생계를 위협받는 일이 종종 일어났다. 오언은 이들에게 무엇이건 자신이 만들 수 있는 것을 만들어 창고에 입고케 했고, 그 대가로 소요된 노동 시간을 적은 노동 화폐labour notes를 내주었다. 노동 화폐를 지닌 사람은 거기 적힌 노동 시간만큼의 물건을 창고에서 가져갈 수 있었는데, 상당한 성공을 거두게 된 이 실험에 고무된 오언은 여기에서 한걸음 더 나아가 노동 화폐를 융자해 주는 은행을 세우자 제안하기도 했다.

점차 오언에게는 이보다 훨씬 더 대담한 구상이 떠올랐다. 무수한 직종 조합trades union을 노동교환소와 결합시켜 전국적 차원에서의 단일 조직, 즉 생산자 협동조합co-operatives을 구성하고자 했다. 직종조합에 가입되어 있는 노동자들은 굳이 노동 시장에서 자본가에게 일자리를 구걸하러

다닐 필요 없이 스스로 원하는 만큼을 생산하여 노동교환소로 가지고 오는 시스템이었다. 이렇게 해서 영국 산업을 구성하는 모든 노동자들이 각자의 직종에 따라 조합을 구성하고 이 직종조합이 하나의 생산자 협동조합으로 전환하여 상호 생산물을 직접 교환할 수만 있다면, 모든 생산자들은 서로의 협동과 신뢰라는 원리만으로 스스로의 생산 능력과 소비 욕구를 모두 만족할 만한 거대한 산업 공동체를 만들 수 있다. 그러면 유혈이 낭자한 계급 전쟁을 치르지 않고도 자본을 완전히 따돌리고 산업을 조직하는 '사회주의'가 가능하다는 게 오언의 생각이었다.

그는 영국 전역을 돌며 여러 직종조합의 지도자들을 설득하러 다녔다. 1832년과 1833년에 열린 전국 직종조합 대표자 회의에서 그의 구상은 현실적으로도 상당한 진전을 보았다. 직종조합의 조직률도 급성장하여 1833년 무렵 회원 수는 무려 80만 명에 달하게 된다. 하지만 오언의 입장에서 보면 호사다마라 할 만한 일이 벌어진다. 조직이 커지면서 오언의 운동 노선과 다른 흐름이 생겨났고, 특히 "총파업general strike"이란 제안이 큰 인기를 얻게 된다. 옛날 민중 반란처럼 굳이 무기를 들고 경찰 및 지배 권력과 싸움을 벌일 것 없이 모든 노동자들이 일손을 놓아 버리면 사회를 무너뜨릴 수 있다는 내용이었다. 이러한 계급투쟁의 노선은 오언주의자들의 '온건한' 자주적 노선과 충돌하면서 노동 운동 전체의 분열을 가져온다. 그사이 자본 측에서는 노동 운동 조직에 대한 총체적인 반격을 준비했다. 이로써 오언주의의 노선은 점차 힘을 잃고 노동 운동의 중심은 참정권을 요구하는 차티즘Chartism 운동으로 이동하지만, 이 또한 탄압 속에서 소멸해 버리고 만다.

최후의 선택 아로파

영국 산업을 구성하는 모든 노동자들이 각자의 직종에 따라 조합을 구성하고
이 직종조합이 하나의 생산자 협동조합으로 전환하여 상호 생산물을 직접 교환할
수만 있다면, 거대한 산업 공동체를 만들 수 있다. 그러면 **자본을 따돌리고
산업을 조직하는 '사회주의'가 가능하다**는 게 오언의 생각이었다.

잔존하는
초기 사회주의 운동

        생산자들 스스로가 스스로의 '아로파', 즉 협동과 신뢰에 근거하여 사회를 만드는 것을 비전으로 삼았던 오언주의 노동 운동은 이렇게 해서 서서히 역사에서 자취를 감춘다. 1848년 유럽 대혁명 이후 사회주의 운동은 그와는 사뭇 대극에 있는 방향, 즉 철저한 계급의식으로 무장한 노동계급이 자본가 및 지배계급을 먼저 힘으로 무찌르는 것만이 노동자의 해방을 가져올 수 있다는 노선으로 기울면서 공산주의 운동의 흐름과 긴밀히 결합된다. 이 흐름을 대표하는 이가 바로 칼 마르크스와 프리드리히 엥겔스 및 그 일파였다.

    자본주의가 엄존하며 자본의 지배가 횡행하는 이 세상에서는 생시몽이나 오언이 꿈꾸었던 생산자들의 진정한 협동과 사랑 그리고 연대는 결코 가능하지 않다는 게 이들의 지배적 생각이었고, 따라서 생시몽이나 오언은 공상적 '유토피아'주의자이자 몽상가에 불과하다고 비판받았다. 그러한 세상을 앞당기기 위해서는 먼저 노동자계급이 힘을 모아 자본가계급의 지배 도구인 국가 권력을 장악 혹은 분쇄하여 프롤레타리아 독재를 성립시키는 '혁명'을 이뤄야 하며, 이를 통해 생산 수단의 사적 소유권을 자본가들로부터 빼앗아 사적 소유를 철폐해야만 한다는 게 이들의 지론이었다. 진정한 인간의 화해와 사랑과 연대는 계급이 소멸한 뒤에나 가능한 것인데, 이는 언젠가 찾아올 공산주의 사회로 귀결되었다.

오언 이후 사회주의 운동 및 사상의 역사를 이 책에서 길게 논할 수는 없다. 하지만 "자본주의 사회에서도 '아로파'에 입각한 경제생활의 조직이 가능한가?"라는 질문과 관련하여 한 가지 짚어야 할 점은 있다. 1848년 이전의 생시몽이나 오언과 같은 '초기 사회주의자들'은 '아로파'적인, 대안의 경제생활 조직이 '지금 여기에서' 당장 시작할 수 있으며 또 당장 시작해야 한다고 주장했다. 이와 달리, 마르크스주의가 지배적 위치를 점한 이후 사회주의 운동에서는 그것이 '혁명' 이전에는 가능하지도 않을 뿐더러 그렇게 하려는 일체의 노력을 '유토피아주의' 심지어 '개량주의'라며 비판하고 냉소했다. 후자의 경우 자본주의의 국가 권력을 타도하기 위한 '혁명적 연대'만이 가능할 뿐이었다. 그리하여 '초기 사회주의 운동'이 마르크스주의적 사회주의 운동으로 대체되는 과정에서 사람들의 협동과 신뢰와 연대에 근거한 경제 조직을 산업사회 내부에서 당장 조직한다는 생각은 주변부로 밀려나고 말았다.

'초기 사회주의 운동'은 현실적 성과를 내지 못한 채 마르크스주의와 이후의 사회주의 운동에게 자리를 내주었지만, '탐욕적 개인'의 이윤 동기가 아니라 모든 성원의 신뢰와 협동과 연대로 '사회'를 재건한다는 이들의 정신은 오늘날에도 면면히 내려오고 있다. 그 형태는 무척 다양하지만, 여기에서는 협동조합과 복지국가 두 가지만을 살펴보도록 하겠다.

협동조합 운동, 로치데일 가게

영국 랭커셔 지방의 작은 도시 로치데일 Rochdale 에는 많은 직물 노동자들이 살았다. 직물 노동자들은 평균 7살 때부터 일을 시작하여 평생 해고와 취업을 반복하며 장시간 노동과 저임금에 시달렸다. 이들은 직종 조합, 정치 운동, 오언주의적 협동조합 운동 등 자신들의 삶을 조금이라도 개선할 게 있다면 무엇이라도 시도했지만 별반 상황이 나아지지 않았다. 1843년 11월의 어느 날, 그런 삶을 더 이상 견디기 힘들어 파업을 벌였다 큰 낭패를 본 28명의 노동자들은 박살 난 삶을 다시 꾸리기 위해 토론을 벌이고 있었다. 그들은 일생 마지막 실험으로, 함께 가게를 열기로 했다.

1년 만에 어렵사리 자금을 마련한 이들은 1844년 12월 21일, 드디어 가게를 열었다. 물론 공동의 가게라 해봐야 실로 한심한 꼬락서니였다. 낡은 창고의 1층을 빌려 쓴 데다가 일손마저 달려 가게는 월요일과 토요일 밤에만 열 수 있었고, 파는 물건이라고 해봐야 밀가루, 버터, 설탕, 오트밀 달랑 4개뿐이었다. 그나마 보유하고 있던 양도 적었으니, 많은 사람들이 비웃고 조롱했던 것도 당연지사였다.

하지만 이들의 구상만큼은 원대하고 혁신적이었다. 이는 오언주의 공동체 운동과는 달리 소비자들로 구성된 협동조합이었고, 그 원리에 있어서도 영리 추구를 허용한다는 중대한 차이를 보여 주었다. 앞에서 말했듯이 오언주의 운동은 자본주의를 극복하고자 하는 사회주의 운동의 성격을 띠고 있었기 때문에 조직적으로 이윤은 용납되지 않았다. 그래서 생산물의 가격을 매기고 거래할 때에도 이윤을 제하여 항상 시장가격보다 낮은 가격에 거래해야 한다는 압력을 받고 있었다. 자본주의 시장 경제와 양립하기 힘든 원리로 조직된 오언주의 협동조합은 이후 시장과의 경쟁에서 패하면서 하나둘씩 자취를 감추게 되었지만, 로치데일 가게는 달랐다.

로치데일 가게는 초라한 점방에 불과했지만, 이들은 엄연히 금전적 영리 추구를 명시했다. 따라서 가격도 무조건 싼 게 아니었다. "이 결사체의 목적과 계획은 그 성원들이 사회적·가정적 조건을 개선하고 금전적 혜택을 볼 수 있는 방향으로 운영해 나가는 데 있다." 그렇다고 로치데일 가게가 다른 보통의 상점들처럼 영리만을 추구하지는 않았다. 발생한 이윤은 조합원들에 대한 배당, 여러 형태의 교육, 마을 및 공동체에 대한 환원 등 조합에 참여하는 이들의 신뢰와 협동을 강화하고 그 개개인의 삶을 풍요롭게 만드는 방향으로 쓰였다.

결과적으로 로치데일 가게는 대성공을 거두었다. 급기야 1850년에는 가게에서 판매하는 밀가루를 제조하기 위한 밀가루 생산자 협동조합도 만들어지고, 그 밖의 연관한 여러 형태의 협동조합이 우후죽순 생겨났다. 오늘날 근대적 협동조합의 모델이 된 조직은 로치데일 가게 외 프랑스의 1848년

초기 사회주의 운동은 현실적 성과를 내지 못한 채
마르크스주의와 이후의 사회주의 운동에게 자리를 내주었지만,
모든 성원의 신뢰와 협동과 연대로 사회를 재건한다는
이들의 정신은 오늘날에도 면면히 내려오고 있다.

혁명 당시 사회주의자 블랑이 만들었던 국영 작업장, 독일에서 시작된 신용금고, 스칸디나비아에서 발달한 농민조합 등 몇 가지가 더 있지만, 로치데일 가게에서 채택했던 '1인 1표 원칙'이라든가 '정치적·종교적 중립성' 그리고 다른 형태의 협동조합에 대한 '개방성' 등은 이른바 '로치데일 원칙 Rochdale Principles'으로 불리면서 현대적 협동조합의 조직 원리로 자리한다.

로치데일 가게는 자본주의 경제 내부에서 그것과 굳이 적대적 관계를 형성하지 않고도 '탐욕적 개인' 대신 서로에 대한 협동과 신뢰와 연대를 바탕으로 생산 능력과 소비 욕구를 충족시키는 '아로파'적 경제 조직이 얼마든지 가능하다는 것을 보여 주었다. 이후 협동조합 운동은 계속적으로 확장되었으며, 오늘날에는 전 세계적 차원에서 사람들 생활 곳곳에 스며들어 산업 경제의 일익을 담당하고 있다.

볼로냐의 기적, 협동조합

인구 약 90만 명인 이탈리아 볼로냐 사람들의 연평균 소득은 4만 달러로, 이탈리아 평균의 두 배에 육박한다. 볼로냐의 실업률은 이탈리아 실업률의 4분의 1 정도인 3퍼센트에 불과하다. 그 열쇠는 볼로냐에 소재한 400개 협동조합이 쥐고 있다. 볼로냐의 시민 생활은 협동조합에서 시작해서 협동조합으로 끝난다 해도 과언이 아닌데, 이들 협동조합은 조합원이 주인인 기업이다. 각자 조금씩 출자하여 기업을 세우고 사업 이익을 배당받는 방식인데, 25유로약 3만 5천 원만 내면 소비자 협동조합의 조합원이 될 수 있다.

볼로냐의 소비자 협동조합의 매장은 겉으로 보기에는 대형 마트와 다를 바 없다. 그러나 협동조합에서 생산한 제품에는 '콥coop'이란 마크가 붙어 있다. '콥' 제품의 판매이익은 조합원에게 돌아가고 조합원에게는 다양한 할인 혜택도 주어지기 때문에, '콥' 조합원이라면 당연히 그 제품을 구매한다. 이들 협동조합은 서비스업에서도 구현 가능하다. 볼로냐의 택시는 택시 기사들이 만든 협동조합이고, 볼로냐 시내 한 어린이집은 5개 협동조합이 만든 말 그대로 '협동'의 결과물이다. 이곳 교사들은 노동자 협동조합에서 파견되는데, 설립 때부터 함께한 교사들이어서 어린이집에 대한 애착도 남다르다.

일반적으로 회사가 주주의 이익을 위해 일한다면, 협동조합은 조합원 공동의 이익을 위한다. 조합원의 집으로 매주 소비자 협동조합의 소식지가 배달되는데, 볼로냐 시민의 3분의 2가 한 곳 이상의 협동조합에 가입되어 있다. 보통 대기업의 대형 마트가 들어서면 골목 상권은 살아남기 어렵지만, 볼로냐의 소비자 협동조합은 작은 생산업체와 상점이 협동하여 연 3조 원의 매출을 거두고 있다. 이로써 볼로냐는 유럽에서 가장 잘 사는 5대 도시 중 하나가 되었다.

생산도 소비도 조합원에 의해 이뤄지며, 그 이익도 조합원에게 똑같이 분배되는 협동조합은 지난 150년간 자본주의적 고도성장하에 그다지 주목받지 못했다. 그러다 "이익을 추구하는 개인의 자유로운 경쟁이 사회 전체의 부를 낳을 것"이란 애덤 스미스의 예언과 달리, 사회 전체의 부가 소수의 개인에게 편중되어 인류 공동체의 존립상 위태로움이 지나칠 수 없을 정도로 체감되는 21세기에 이르러 인류 공동체의 새로운 대안으로서 그 가치를 다시 인정받고 있다.

사실상 지난 300여 년의 자본주의 역사는 기나긴 인류 생존사에 비하자면 매우 짧은 순간이다. 그럼에도 우리는 자본주의의 시장 경제 시스템에 인간성을 끼워 맞춘 채 그것이 마치 자연적 본성인 양 길들어 왔다. 이제 '진보의 덫progress trap'에 갇힌 자본주의를 인류 발전의 법칙으로 받아들인 과거를 다시 한 번 돌이켜 볼 시간이다.

보편적 복지,
사회 전체를 강화하다

북유럽형 복지는 흔히 '보편적 복지'라는 이름으로, 영국이나 미국의 '선별적 복지' 혹은 '잔여적 복지'와 차별화된다. 영미형 복지 정책은 기본적으로 모든 이들이 시장 경제에서의 활동으로부터 소득을 얻어 그것으로 자신의 삶을 지탱할 것을 원칙으로 하며, 그러한 시장에서의 경쟁으로부터 밀리거나 불리한 위치에 서게 된 이들에 한해 삶을 보조하는 바를 복지로 바라보았다. 반면, 북유럽형 복지국가에서는 누구든 살아가면서 반드시 부닥치게 되는 필요와 욕구를 사적 차원에서의 소비가 아닌 '공공 소비 public consumption'로 해결하도록 돕는 것을 이상으로 삼는다. 이를 통해 사람들은 굳이 노동 시장에 나서서 끊임없이 자신을 상품으로 팔지 않더라도 가장 기본적인 삶을 누릴 수 있다.

영미형 복지국가와는 달리, 스웨덴 등 북유럽 국가들의 복지 정책 대상

최후의 선택 아로파

사회 전체의 부가 소수의 개인에게 편중되어 인류 공동체의 존립상
위태로움이 지나칠 수 없을 정도로 체감되는 21세기에 이르러, **협동조합은**
인류 공동체의 새로운 대안으로서 그 가치를 다시 인정받고 있다.

은 빈곤층뿐 아니라 중산층까지도 광범위하게 포괄한다. 이는 북유럽형 복지국가가 '협동과 연대'라는 사회민주주의 정신과 사상을 조직 원리로 하여 형성되었다는 사실로 설명할 수 있다. 북유럽의 사회민주주의 정당은 결성 초기인 19세기 말 마르크스주의 정당을 표방하고 있었는데, 스웨덴의 경우 이미 1920년대부터 마르크스주의를 사실상 폐기하고 이론적으로나 실천적으로나 '사회를 재건'한다는 '초기 사회주의' 운동 원리에 상당히 가까운 형태로 전환해 갔다. 그 결과 사회민주주의 정당이 장기 집권에 진입하는 1930년대 이후 형성된, 이른바 북유럽형 복지국가에는 "함께 일하고 함께 쉬고 함께 삶을 즐긴다"는 협동과 연대의 원리가 사회 전반에 배어 있었다.

이러한 흐름은 이미 1928년 스웨덴 사회민주당 당수였으며 이후 스웨덴 수상으로서 1940년대 말까지 한자리를 지킨 한손Per Alvin Hansson 수상의 연설에 등장하는 '국민의 집'이란 유명한 정치적 수사에서 잘 드러난다.

가정의 기초는 함께한다는 것 그리고 감정을 함께 나누는 것에 있다. 훌륭한 가정에서라면 어느 한 사람이 특권을 갖거나 무시되거나 하는 일이 있을 수 없다. 특별히 사랑받는 아이도 또 주워 온 아이마냥 차별받는 아이도 있을 수 없다. 누구도 다른 이를 멸시하지 않으며, 누구도 다른 이를 희생시켜 이득을 취하려 들지 않는다. 힘이 센 사람이 약한 사람을 짓누르거나 벗겨 먹는 일도 없다. 좋은 가정이란 언제나 평등, 배려, 협조, 도움이 가득한 곳이다. 규모를 확장하여 이를 민중들과 시민들로 이루어진 가정에 적용해 보자. 이는 곧 지금 시민들을 특권층과 취약층으로 나누고, 지배자와 피지배자로 나누며, 부자와 가난한 자로, 배가 터지도록 먹는 자와 굶주린 자로, 벗겨 먹는 자와 벗겨 먹히는 자로 나누어 버리는 모든 사회적·경제적 장벽을 무너뜨려야 한다는 말이 될 것이다.

이러한 잣대로 한손은 현존하는 자본주의 질서를 맹렬히 비판했다.

지금 여기에서는 형식적으로는 평등, 즉 정치적 권리의 평등이 지배하고 있지만 사회적으로 보자면 계급사회로서 여전히 소수에 의한 독재가 판을 치고 있으며 갖가지 불평등이 기승을 부리고 있다. 어떤 이들은 대궐 같은 집에 살건만 어떤 이들은 추운 겨울에 그저 오두막이라도 쫓겨나지만 않았으면 하며 손 모아 빌고 있다. 어떤 이들은 비만에 시달릴 정도이지만 어떤 이들은 집집마다 돌아다니며 빵을 구걸하고 있다. 가난한 이들은 미래를 바라보며 혹여 큰 병에 걸릴까, 일자리를 잃게 될까 온갖 험한 일들을 두려워하며 불안에 떨고 있다. 정말로 스웨덴 사회가 선량한 시민들의 가정이 되어 줄 수 있으려면 갖가지 계급 차별을 철폐하고 각종 사회적 서비스를 발전시켜야 하며, 경제적 균등화를 달성하고 노동자들이 경제의 관리에서 역할을 부여받아야 하며, 민주주의가 사회적·경제적 차원 모두에서 적용되고 또 완전히 실현되어야 한다.

그의 주장에는 대단히 중요한 사회민주당의 변화가 전제되어 있다.

사회민주주의는 사회 전체를 하나의 화목한 가정으로 만드는 것을
새로운 최우선 과제로 삼고, 노동 운동과 사회민주당은 그러한 목적을
실현하는 데 복무하는 것을 새 노선으로 삼았다. 노동자들이 나서서
스웨덴을 '국민의 집'으로 만드는 주역으로 나서겠다는 얘기다.

즉, '사회'가 노동 운동의 이익을 위해 존재하는 것이 아니라 노동 운동이 '사회' 전체의 이익을 위해 존재한다는 의미 변화이다. 20세기 초까지 노동자 정당과 노동 운동은 좁은 의미에서의 노동자계급의 계급적 이익을 대변하고 실현한다는 것을 존재 이유로 삼아 왔다. 하지만 이 연설로부터 사회민주주의는 '사회' 전체를 하나의 화목한 가정으로 만드는 것을 새로운 최우선 과제로 삼고, 노동 운동과 사회민주당은 그러한 목적을 실현하는 데 복무하는 것을 새 노선으로 삼았다. 본래 이러한 과제를 떠맡아야 하는 것은 가장 부유하고 형편도 좋은 '장남', 즉 자본가계급이어야 하지만 그들이 '사회' 전체를 돌보는 임무를 방기한 이상 노동자들이 나서서 스웨덴을 '국민의 집'으로 만드는 주역으로 나서겠다는 말에 다름 아니다.

이러한 독특한 복지의 개념을 북유럽 사람들은 어떻게 발전시키게 된 것일까? 보편적 복지 원칙에 입각한 출산 수당이 최초로 행해졌던 1930년대 스웨덴으로 가볼 필요가 있다.

출산율 저하의 사회

스웨덴 민족 자체가 소멸할지도 모른다는 위기의식이 팽배한 가운데, 1930년대 스웨덴에서의 줄산율 저하는 사회직 이슈로 떠올랐다. 보수 우파는 이를 전통적 가족의 가치를 강화하고 여성의 사회 진출을 후퇴시키기 위한 정치 공세의 빌미로 삼았다. 하지만 스웨덴의 사회민주당은 "고도로 발전한 산업 구조에 비해 사회 구조가 너무 낙후되어 있다"고 판단했다.

스웨덴은 19세기 말 이래 급격한 산업혁명을 겪었지만 주거, 여성, 가족 등 전반적인 사회 구조는 그러한 발전 속도를 따라잡지 못하고 있었다. 대규모 산업 도시에서는 어디 할 것 없이 중산층과 노동자들이 주택난으로 허덕였고, 전통적인 가족생활과 여성의 위치는 변함이 없어 여성들은 노동 시장에의 참여와 가사 노동이라는 이중 부담에서 헤어나지 못한 채였다. 요컨대, 딱 꼬집어서 하나의 원인이 존재한다기보다는 사회의 낙후로 인한 여러 정황이 복합적으로 작용해 여성들의 출산 의욕을 저하시키고 있다. 이러한 문제를 근본적으로 해결하기 위해서는 시간이 걸리더라도 사회 구조 전체가 산업 구조의 변화에 발맞춰 세련되고 효율적으로 바뀌어야만 했다.

　1936년 선거에 임했던 사회민주당의 구스타브 묄레르 Gustav Moler 는 출산 수당을 정책으로 내걸었고, 선거에 승리한 이후인 1938년부터 본격적인 시행에 돌입한다. 이 출산 수당은 명백하게 보편적 복지의 원칙에 입각하여 설계된 최초의 정책이라 할 수 있다. 우선 아이를 낳은 엄마가 출산 수당을 수령함에 있어서 그때까지 거의 모든 수당에 붙었던 '재산 조사 means test'를 거의 받지 않았고, 재산 기준을 아주 느슨하게 설정하여 거의 90퍼센트에 가까운 여성들이 혜택을 받을 수 있었다. 그리고 종교 스웨덴은 루터파 개신교를 국교로 삼은 나라이다 도 묻지 않았고, 심지어 결혼 여부조차 묻지 않았다. 미혼모라 해도 출산 수당에 있어서 차별하지 않았다.

　이 정책은 '가난한 어머니를 돕는다'는 틀에서 나온 게 아니었다. 생시몽이 이미 200년 전에 예견했던 것처럼, 산업사회가 효율적으로 작동하기 위해서는 '사회' 전체가 역동적으로 바뀌어 가는 힘을 지녀야 하며 그러기 위해서는 모두가 모두의 행복과 번영에 대해 깊은 관심을 공유하고 연대해야만 한다. 그런데 당대 스웨덴의 사회 구조는 그러한 필요에 비해 너무 낙후한 상태였으니, 출산 수당의 목표는 사실상 이 낙후된 사회를 '업데이트'하는 데 있었다. 그러니 수령자의 소득이 많고 적다든지 혹은 결혼을 했고 안 했다든지 등을 따질 이유가 없었다. 그야말로 모두가 함께 돕고 도움을 받는 아로파 정신이 산업사회에 새로운 모습으로 부활한 셈이었다.

이 정책은 큰 성공을 거두었다. 묄레르 사회복지부 장관은 이에 고무되어 보편적 복지의 원칙을 다른 사회 정책으로 확장해 갔다. 결국 1940년대에 들어와 스웨덴의 아동 수당, 국민 연금, 건강 보험 등 다양한 분야가 정책적 개혁을 맛보게 된다.

모두가 평등한 임금을!

산업사회의 성원이라면 누구든 걱정하지 않고 중요한 인생의 고비에서 복지 혜택을 입을 수 있도록 한다는 것은 실로 꿈과 같은 얘기였다. 문제는 '경제학'이었다. 과연 이런 이상을 실현할 만한 물적 지원을 지속적으로 조달하는 게 가능할까? 그 재원을 마련하도록 경제를 조직하는 일이 어떻게 이루어질 수 있을까?

스웨덴은 가끔 꿀벌에 비유될 때가 있다. 뚱뚱한 체격에 날개가 작은 꿀벌이 어떻게 하늘을 날 수 있는지는 항공공학의 수수께끼라고 한다. 이와 유사하게, 엄청나게 높은 노조 조직률<small>최근에도 70퍼센트를 넘어섰다</small>과 대규모 사회 복지 지출을 안은 스웨덴이 고도의 수출 신장 및 경제 성장을 이룬 것은 정치경제학적 수수께끼라는 비유이다.

스웨덴은 보통의 경제학에서 하나를 취하면 다른 하나를 포기해야 하는 관계라 상정하는, 경제 성장과 사회 복지라는 두 가지 목표를 탁월한 성적으로 달성한 나라이다. 이렇게 역동적인 경제 성장 덕분에 큰 규모의 사회 복지 지출이 가능했으며, 그러한 복지 지출이 사회 전반적인 생산성 향상과 연결되었기에 지속적인 경제 성장이 가능했다. 스웨덴의 역동적 경제 성장을 가능케 한 여러 장치 중 특히 눈길을 끄는 것은 1950년대 중반 이후부터 1980년대 정도까지 스웨덴 노동 시장과 산업 관계의 주축을 이뤘던 연대임금제<small>Solidarity Wage System</small>, 이른바 렌—메이드네르<small>Rehn—Meidner</small> 모델이었다.

노동조합에서 활동하던 경제학자인 렌<small>Gosta Rehn</small>과 메이드네르<small>Rudolf Meidner</small>는 당시 다른 국가들에서 채택하고 있었던 케인스주의적 경제 정책을 스웨덴에 적용하는 게 바람직한지를 연구하고 있었다. 결과적으로 이들의 대답은 부정적이었다. 당시 케인스주의 정책은 완전 고용이라는 목표를 달성하기 위해 기본적으로 금융 및 재정 정책으로써 경기를 부양하고 투자를 촉진하는 것을 주된 내용으로 삼았다. 두터운 보편적 복지 정책으로 나아가던 스웨덴에서도 복지 지출의 과다 팽창을 막기 위해 노동 시장에서의 완전 고용 달성이라는 목표가 절실했다. 하지만 케인스주의의 완전 고용 정책은 그 부작용으로 물가 상승을 동반할 가능성이 높았

스웨덴은 경제 성장과 사회 복지라는 두 가지 목표를
탁월한 성적으로 달성한 나라이다. 이렇게 역동적인 경제 성장
덕분에 큰 규모의 사회 복지 지출이 가능했으며, 그러한 복지 지출이
사회 전반적 생산성 향상과 연결되었기에 지속적 경제 성장이 가능했다.

고, 이는 스웨덴 경제에 비추어 볼 때 특히 예민한 문제였다.

수출에 크게 의존하는 경제 구조의 스웨덴으로서 물가 상승은 곧 대외 수출 경쟁력 약화를 의미했으며, 그렇게 되면 경제 성장의 둔화는 물론이거니와 세수의 급감으로 복지 재원의 확충은 어려움을 겪게 된다. 게다가 물가가 오르면 노동자들로서는 실질임금 하락의 보전을 위해 명목임금 상승을 위한 투쟁에 나서지 않을 수 없는데, 이는 자칫 임금 상승과 연이은 물가 상승, 다시 임금 상승이라는 악순환을 만들 위험까지 내포하고 있었다.

따라서 두 사람은 임금 상승과 물가 상승을 야기하지 않는 동시에 스웨덴 경제의 생산성을 지속적으로 상승시켜 수출 경쟁력을 강화해 줄 만한 완전 고용 달성의 또 다른 방법이 없을지 고민하게 되었다. 두 사람이 찾은 해법은 동종 산업 내 다양한 작업장에서, 또 여러 산업 사이에 존재하는 임금 격차를 최대한 줄여 나간다는 것이었다.

논의의 편의상, 어떤 산업 내 산별 노동조합이 철저히 단결하여 동일 부문의 어떤 사업체에서건 동일 직급에 대해 동일한 임금을 요구한다고 가정해 보자. 일반적으로 임금은 생산성 수준과 비례하므로, 동일한 노동이라 해도 생산성이 낮은 영세 기업에서는 임금이 낮고 생산성이 높은 기업에서는 임금도 높은 경향이 있다. 그러므로 동종 산업 부문의 모든 사업체에 동일 임금이 적용되도록 노동조합이 요구한다면, 영세한 기업은 엄청난 임금 상승 요구에 직면하여 파산하기 십상이고 생산성이 높은 기업은 노동자들이 임금 상승 요구를 자제하거나 임금을 자발적으로 줄이는 일까지 벌어져 비용 절감이 가능해진다. 그렇게 해서 '굳게' 된 자금으로 이 기업들로 하여금 설비 투자를 늘리고 더 많은 노동자들을 고용하도록 만들면, 영세 기업의 파산으로 일자리를 잃게 된 노동자들이 새롭게 늘어난 생산 조직에 채용되면 된다.

노르망디 상륙 작전이나 모세와 이스라엘 민족의 출애굽을 방불케 하는 이러한 일이 정말로 가능할까. 우선 그 가능성 여부를 잠깐 제쳐 두고, 이 경우 어떤 일이 벌어질지 생각해 보자. 완전 고용은 달성되겠지만, 이는 재정 및 금융 정책과 같은 인위적 경기 부양을 통해 이뤄지는 게 아니고 임금 수준 또한 고르게 평균화될 뿐 전체적으로 상승하는 게 아니어서 물가가 오를 만한 이유가 없다. 게다가 생산성이 낮은 영세 기업은 계속 사라지는 반면 생산성이 높은 기업들은 계속 설비를 확장하고 노동력도 흡수해 가므로, 경제 전체로 보자면 생산성이 계속 상승하는 '산업 합리화'의 결과를 낳는다. 높은 생산성으로 세계 경제에서의 경쟁을 통해 수출과 경제 성장을 계속 일구어 낼 토대가 마련되며, 그로써 복지 재원 조달에 필요한 강력한 경제를 유지할 수 있다는 게 이들의 구상이었다.

아로파와 연대 임금 정책

이런 게 정말로 가능할까? 연대 임금제의 실시로 큰돈을 아끼게 된 생산성 높은 기업들이 과연 그 돈을 순순히 생산 설비에 더 투자하고 노동자들을 더 고용하는 데 쓸까? 그리고 설령 그렇게 해서 신규 사업장이 늘어난다 하더라도 '잘린' 노동자들을 '양 떼 몰듯' 이동시키는 일이 가능할까?

결코 만만한 일도 아니며 쉽게 수용될 일도 아니다. 첫 번째 문제의 해결을 위해서 자본 측의 긴밀한 협조와 그들 상호 간 이해 구축이 반드시 필요하고, 이를 위해서는 사회 전체의 합의 그리고 이에 기반을 둔 국가의 명시적이고도 암묵적인 압력 행사가 따라야 한다. 두 번째 문제를 해결하기 위해서는 해고된 노동자들의 거취와 안녕을 한 사람 한 사람 챙기고, 다른 사업장으로 이동시키거나 본인이 다른 직업 훈련을 원할 경우 이를 알선해 주기 위한 세심한 정보 수집과 준비가 필요하다.

이 '적극적 노동 시장 정책'을 위해 스웨덴은 정부 예산의 4퍼센트까지 지출한 바 있을 만큼 대단한 노력을 기울였다. 그런데 이 연대 임금 정책에 대한 설명을 들은 이들이 가장 납득하기 힘들어하는, 심지어 당혹스러워하는 부분이 있다. 바로 고임금 부문의 노동자들이 자신들의 임금 동결 혹은 삭감을 순순히 받아들여야 한다는 지점이다. 연대 임금 정책은 고임금 부문의 노동자들을 필두로 하여, 자본 측까지 포함한 사회 전체가 생산성 고양과 완전 고용 달성을 위해 노력한다는 협력을 전제하지 않으면 아예 실행조차 불가능한 정책이었다.

당시 이것이 집권 사회민주당이 입안하고 주도한 정책이 아니라 스웨덴의 전국 단위 노동조합이었던 스웨덴 노총Lands Organisationen, LO의 제안으로 이루어진 정책임도 기억할 필요가 있다. 사회민주당은 이 정책 아이디어를 적극적으로 회피하려다 1950년대 초의 인플레이션에 떠밀려 이를 수용하고 만다. 그렇다면 노동자들, 특히 고임금 부문의 노동자들은 어째서 이렇게 겉으로 보기엔 틀림없이 자신들에게 불리한 정책을 받아들였을까? 그 중요한 계기는 바로 노동자들끼리의 '연대'였다.

다양한 육체노동의 '가치'를 매겨 그 격차를 벌려 놓는 것은 자본 측의 공세이며, 노동자들 스스로는 마땅히 이에 반대하고 노동자 간 평등을 이뤄야 한다는 연대의식이 이 정책에 불을 지폈다. 고임금 노동자들은 스스로의 단위 노조에서 기업 경영진과 직접 노사 협상을 벌이지 않고 상급의 산별 노조 및 전국 노조에 단체 협상을 철저히 일임했다. 노동자들의 연대, 나아가 사회 전체의 생산성 향상과 복지국가를 통한 연대라는 이상을 위해 고임금 노동자들이 크게 양보한다는 정신은 이 정책의 중요한 기초로 작동했다.

이를 바탕으로 산업환경의 변화로 인해 대규모로 발생할 수밖에 없는 실업 사태로부터 노동자 한 사람 한 사람을 보호하는 동시에 산업의 생산성도 유지한다는 목적에서의 적극적 노동 시장 정책도 이루어지게 되었다. 그리고 노동자들의 희생으로 발생한 이윤을 설비 투자와 고용 확대에 투자하라는 자본에 대한 사회적 압력도 가능케 되었다. 그야말로 산업사회에서 사회 성원 전체의 아로파를 통해 높은 생산성과 고도의 사회 보장이 함께 이뤄질 수 있음을 보여 준 극적인 예였다.

이 모델은 1950년대와 1960년대 실제로 스웨덴 노동 시장의 임금 격차를 크게 줄이는 성과를 거두었고, 같은 기간 내 스웨덴 경제가 이뤘던 고도성장의 동력이 되었다. 하지만 1960년대 말로 접어들면서 이 모델은 여러 어려움에 부딪히는데, 그 성격은 '아로파'의 약화였다고 말할 수 있다. 우선 고임금 부문의 노동자들이 서서히 불만을 품게 되어 1960년대

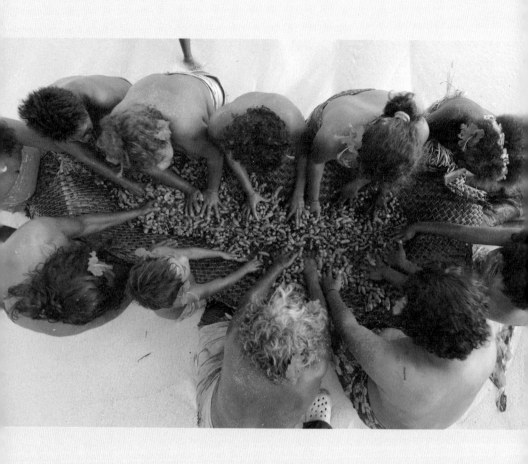

노동자들의 연대, 나아가 사회 전체의 생산성 향상과 복지국가를 통한 연대라는
이상을 위해 **고임금 노동자들이 크게 양보한다는 정신**은
이 정책의 중요한 기초로 작동했다.

말이 되면서 단체 협상을 무시한 채 이른바 '들고양이 파업^{wildcat strike}'을 빈

번하게 일으켰다. 이 정책으로 생겨난 이윤을 고용 확대에 투자하도록 자

본 측에 압력을 가하는 것도 일정한 한계에 부닥치게 되면서, 과연 이러

한 연대 임금 정책을 지속시키는 게 유의미한가에 대한 사회적 회의가 팽

배해졌다.

이후 1970년대와 1980년대에 걸친 스웨덴의 정치·경제 시스템의 변

동 와중에 이 모델의 전성시대도 막을 내리게 된다. 하지만 이 모델의 기

초가 되었던 원칙들, 즉 경제의 효율성과 두터운 보편적 복지를 선순환

관계로 만들어 서로의 전제 조건으로 삼는다는 것과 이를 통해 모든 사회

성원들의 인간적 연대, 즉 '아로파'를 강화한다는 것은 여전히 스웨덴을

위시한 북유럽 사회의 중요 원칙으로 남아 있다.

복지국가,
산업사회에서의 아로파

한국에서 복지는 부유층의 세금을 걷어 생계가 어려운 이들에게 재분배하는 일종의 '빈민 구제'라 생각하는 이들이 압도적이다. 이러한 사고방식에서 보자면, 출산, 육아, 교육, 실업, 의료, 노후 등 누구나 거치게 되는 삶의 문제들을 재산이나 소득의 과다를 꼼꼼히 따지지 않은 채 전체에게 제공하는 북유럽형 복지 개념은 쉽게 납득되지 않는다.

게다가 복지국가라는 개념이 본격적으로 논의되면서 친숙해진 감도 있지만, 좀처럼 부각되지 않은 측면도 더러 있다. 그 예로 조세 재원을 확보하여 사회적 후생을 증진시킬 여러 복지 정책을 확장한다는 기술적·제도적 장치도 마련되어야 하지만, 무엇보다 복지국가는 산업사회 모든 성원들이 서로의 안녕과 행복에 관심을 갖고 연대한다는 '아로파' 정신의 구현이 기초되어야 한다는 내용이다.

농경사회에서는 생산과 소비, 노동과 휴식, 삶과 죽음이 토지를 단위로 한 자급자족적 가정 경제 내에서 이뤄졌으므로 개인주의적 세계관이 적합했지만, 산업사회는 사회 모든 '인적·물적 자원'이 단일한 '기계적 과정'으로 엮여 대규모 생산과 소비를 조직하는 '집단적' 성격 때문에 아로파 정신이 더욱 절실해졌다. 시간적·공간적으로 멀리 떨어져 있어 아무 상관도 없어 보이는 사건과 사물이 어느덧 자신의 안녕에 결정적 영향을 끼치게 되었으며, 모든 사람의 행복과 불행은 다른 모든 이들의 행복 및 불행과 불가분 연결되어 있다. 개인의 삶을 불행으로 몰아넣을 수 있는 삶의 위험실업, 산업 재해, 사회적 재난, 노령 등도 산업사회에 들어오면서 농경사회와는 전혀 다른, 엄청난 자장을 갖게 되었다.

산업사회는 또한 '기계적 효율성'에 따라 모든 인간과 자연이 끊임없이 유연하게 재조직·재배치되어야 하는 사회이기도 하다. 따라서 농경사회에 존재했던 것과 같은 혈연이나 지연 등을 매개로 한 공동체나 유대가 유지되기 힘들다. 게다가 '기계적 합리성'의 대두로 생시몽의 말처럼, 모든 이들이 철석같이 믿던 종교적·정신적 가치도 크게 약화되거나 아예 사라지게 되었다. 그로써 예전과 같은 형태의 공동체도 크게 약화되거나 완전히 해체된다. 즉, 산업사회란 한편으로는 모든 이들이 인류 역사상 그 어느 때보다도 절실하게 아로파의 강화를 원하는 사회이기도 하지만, 또 다른 한편으로는 그 어느 때보다도 인간적 유대가 약화될 수밖에 없는 사회이기도 하다. 자본주의는 바로 이러한 사회가 완전히 원자 알갱이와 같은 '탐욕적 개인'으로 해체되는 것을 이상으로 삼고 있다.

복지국가, 특히 북유럽에서 시도된 형태의 보편적 복지국가 실험은 바로 이러한 자본주의적 산업사회가 안고 있는 딜레마를 해결하고, 아로파를 확립해 가는 방향으로 산업사회의 진화 방향을 전환시켰다. 물론 복지국가는 1980년대 이후 이른바 신자유주의의 물결을 타며 많은 변화를 겪었고, 그것은 지금도 진행 중이다. 하지만 이들이 태고 이래 인류의 오래된 유산인 아로파를 산업사회라는 조건 속에서 새롭게 논리적으로 구성한 방식에는 주목할 필요가 있다.

산업사회에서 우리가 타인의 행복 및 불행에 관심을 갖고 "함께 일하고 함께 쉬고 함께 즐기는" 사회를 만들기 위해 노력하는 정신은 전통적 매개물에 의존하는 것이 아니다. 산업사회의 합리적 작동 앞에서 모두가 평등한 사람들이며 누구 할 것 없이 소중한 존재라는 인식, 또 산업사회에서 사람이 누릴 수 있는 자유를 극대화하는 것은 모두가 모두의 자유를 위해 노력할 때에만 가능하다는 인식, 그래서 너의 불행과 행복이 나의 그것과 무관하지 않다는 인식 등 그야말로 프랑스혁명에서 확인된 '자유, 평등, 박애혹은 연대' 정신을 어떻게 산업사회에서 구현할 것인가라는 근대적 인식에 근거하고 있다.

몇 년 전 국내 한 방송사에서 핀란드 복지국가를 취재한 적이 있다. 당시 핀란드에서 가장 높은 개인 소득을 거두던 한 기업의 CEO가 인터뷰에 응했다. 한 달 소득이 대략 3억 원 정도에 달하는 그는 세금으로 대략 3분의 1 이상을 낸다고 했다. "솔직히 아깝지 않은가?"라는 한국 기자의 질문에 그는 다음과 같이 답했다.

"전혀 그렇지 않다. 나는 부유한 가정에서 태어나지 못했지만 박사 학위를 받고 지금의 지위를 얻을 때까지 돈이 부족해서 못한 일도 없고 그 때문에 삶의 결핍이나 불행을 겪은 일이 없다. 그리고 나의 세 자녀 또한 나와 똑같은 삶의 조건을 누릴 것이라 믿는다. 그런데 무엇이 아까운가. 남은 돈의 절반 정도는 기부하고, 그 나머지로 생활해도 우리 가족은 충분히 부유하다."

그가 특별히 고결하거나 높은 의식을 가진 사람이라 생각하지 않는다. 산업사회에서도 인간의 본성은 크게 바뀌지 않았다. 다만 내가 행복하고 잘 살기 위해서 반드시 남이 불행하게 쓰러지는 것을 보아야 할 이유도 없으며, 오히려 남이 불행하다면 나도 정말로 행복해질 수 없다고 느끼는 게 훨씬 더 보편적인 인간 본성이라 짐작한다. 이것이 지난 인류 모든 문명에 아로파가 발견되는 이유이다. 산업사회에서도 그러한 본성을 발현하는 것은 지혜로운 사회적 제도만 마련된다면 전혀 불가능한 일이 아니다.

앞에서 살펴본 빅맨이 이끄는 호혜적 공동체, 라다크 여인들의 아름다운 삶과 사랑, 아누타섬 사람들의 삶 등은 그래서 '잃어버린 낙원paradise lost'의 아련한 이야기로만 받아들일 까닭이 없다. '탐욕적 개인'으로 구성되는 자본주의는 결코 산업사회의 운명이 아니다. 핀란드 CEO의 전언은 이 사회에서도 누구나 고상하고 인간적인 본래의 모습을 회복할 수 있음을 암시하고 있다.

나, 우리,
자본주의의 미래

       1990년대에서 2000년대 중반까지 전성기를 구가하던 전 지구적 금융 자본주의는 '탐욕적 개인'을 노골적으로 찬양하고 그것이 전 인류를 번영과 평화의 미래로 이끌 것이란 교리를 취했다. 하지만 2008년에 전면화된 세계 금융 위기는 이들 장밋빛 미래에 찬물을 끼얹었다. 그린스펀 전 연방준비위원회 의장이 생각했던 것과는 달리, 공포와 탐욕이라는 두 가지 동기가 자본 및 금융 시장에 완벽한 균형과 조절을 가져다주는 일은 전혀 벌어지지 않았다. 오히려 자본 및 금융 시장에서 탐욕적 개인들이 몰려다니며 빚어 낸 결과는 사기와 거짓과 타락뿐이었고, 2008년 이후 위기 해결 과정에서 그 대가는 당사자가 아닌 전 사회 나아가 전 세계가 치러야 했다. 그 과정에서 열심히 일하며 살아온 무고한 이들이 희생되며 말할 수 없는 고통을 치러야 했고 그것은 지금도 진행 중이다.

최후의 선택 아로파

나와 내 아이의 미래 모습을 어떻게 그리고 있는가?
'탐욕적 개인'인가, '아로파'의 인간인가? 이 책이 그 원대한 질문을
풀기 위한 **오랜 고민의 작은 시작**이 되길 바랄 따름이다.

탐욕적 개인의 사회야말로 가장 완벽하고도 자연적인 사회라는 맨더빌 박사와 애덤 스미스 이래 오래된 자본주의의 신화에 대해, 이제 많은 이들이 근본적 회의와 의심을 품게 되었다. 그리고 많은 이들이 재차 묻고 있다. 미래의 자본주의는 어디로 향할 것인가?

이 질문에 답하기 전에, 미래에 대한 두 가지 태도를 분별해야 한다. 즉, 어떻게 될지 '예측'해야 하는 미래와 어떻게 만들어 가야 할지 '선택'해야 하는 미래 말이다. 주가지수가 어떻게 될지, 날씨가 어떻게 될지 '예측'함과 동시에 투자를 계속 해야 할지, 우산을 들고 나갈지 말지를 '선택'해야 한다.

한때 '멜트다운'이니 '30년대 대공황의 재판'이니 하며 암울한 공포가 휩쓸기도 했지만, '탐욕적 개인'을 단위로 설계된 최근 몇십 년의 금융 자본주의 시스템은 지금도 별 변동 없이 작동되고 있다. 이유는 간단하다. 그것을 대체할 만한 정치·경제 시스템의 대안적 설계도가 마련되지 않았기 때문이다.

대안적 설계도가 출현하지 않은 이유 또한 명확하다. '탐욕적 개인'이 아니라 그와는 다른 원리로 행동하는 인간, 예컨대 아로파적 인간과 그 인간관계가 아직 지배적 위치를 점하지 않았기 때문이다. 연대와 협동이라는 원리로 생산과 소비를 조직할 가능성이 아직 미약하고 불투명한 상황이라면, 매일매일의 산업사회 조직과 운영을 여전히 자본 및 금융 시장에 맡길 수밖에 없지 않은가.

따라서 질문은 바뀌어야 할 듯하다. 과연 아로파적 인간으로 변화할 의

최후의 선택 아로파

지가 있으며 협동과 연대의 정신으로 사회를 재건할 의지가 있는가? 나와 내 아이의 미래 모습을 어떻게 그리고 있는가? '탐욕적 개인'인가, 아니면 '아로파'의 인간인가? 쉽지 않은 대답이겠으나, 피해 갈 수도 없다. 이 질문에 대해 어떤 선택을 하느냐에 따라 자본주의와 인류의 미래, 나아가 지구의 미래는 크게 바뀔 것이기 때문이다. 이 책이 그 원대한 질문을 풀기 위한 오랜 고민의 작은 시작이 되기 바랄 따름이다.

SBS 〈SBS 창사특집 대기획 - 최후의 제국(4부작)〉

"최적의 시스템이라 불렸던 자본주의는 왜 고장 났는가?"라는 질문에서 출발하여 그 해답을 찾아 떠난 한 편의 여행기다. 제작진은 인류가 잃어버린 '공존'의 가치를 찾아 세계를 리드하는 G2, 즉 미국과 중국에서 출발하여 히말라야 산자락, 파푸아 뉴기니의 정글, 그리고 태평양의 최오지까지 240일간 6만 5천 킬로미터의 대장정을 감행했다. 그곳의 오래된 미래가 인류에게 던진 해답을 방송한 이래 많은 공감과 화제를 불러일으켰는데, 다 하지 못한 이야기들을 이 책에 고스란히 녹여 냈다.

함께하신 분들_

기획	박기홍
연출	장경수
	최정호
글 구성	이승희
사진촬영	박종우
촬영	이용택
	한오석
조연출	박지은
	우용만
	김옥태
	배준휘
보조작가	서은리
	김난초
영어 리서처	임다정
라인프로듀서	이미애
코디네이터	
파푸아뉴기니	황영구
중국	이금화, 정혜미
솔로몬 제도	강태우, 강민석

수상 내역_

제40회 한국방송대상 작품상 TV다큐멘터리 부문
제25회 한국PD대상 작품상 TV시사다큐 부문